37

38

39

40

41

42

43

44

45

46

47

48

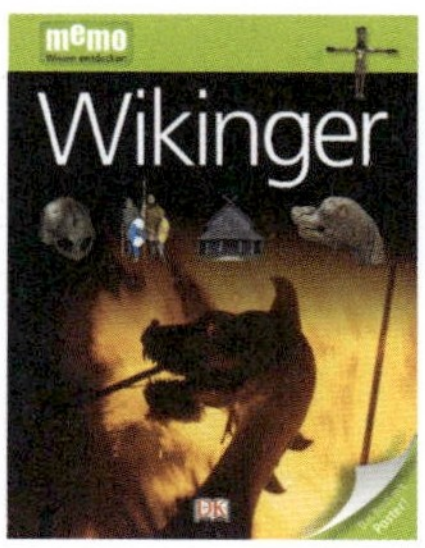

49

50

Florian
von Großmama
Weihnachten 2011

Alphabetische Reihenfolge der Bände auf der letzten Seite

memo
Wissen entdecken

Kriminalistik

Absperrband für Tatorte

Fingerabdruck-Pulver

Schrotflinte

Büchse

Schrotpatrone und -kugeln

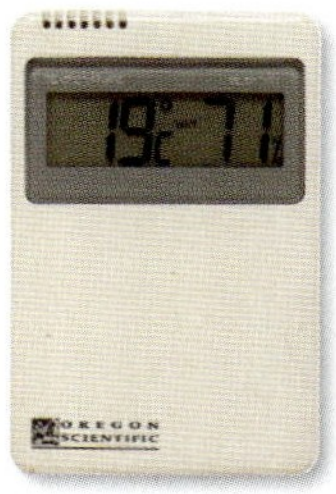

Digital-thermometer zur Messung der Lufttemperatur

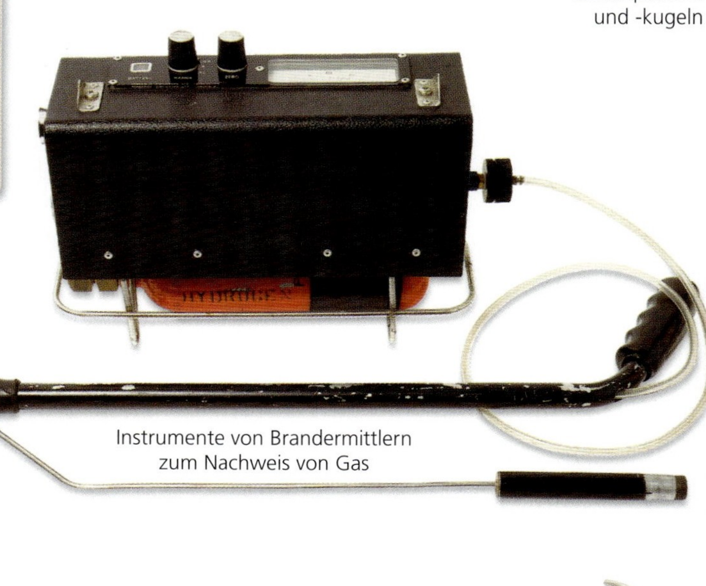

Instrumente von Brandermittlern zum Nachweis von Gas

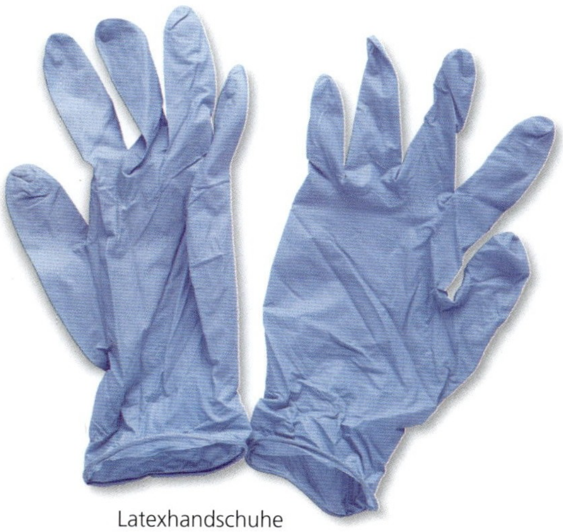

Latexhandschuhe zum Schutz des Trägers und der Spuren

Fingerabdruck-Formular

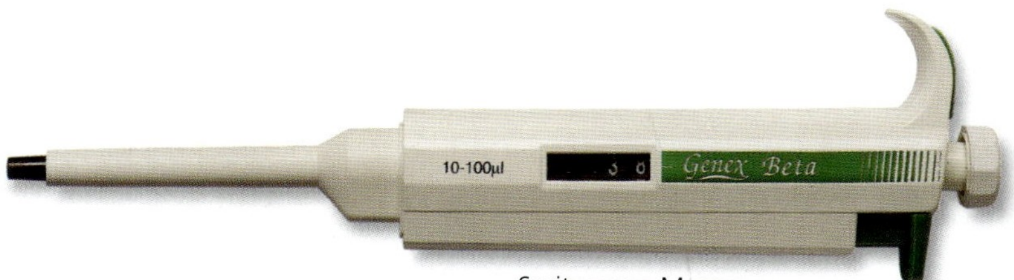

Spritze zum Messen kleinster Mengen bei DNA-Tests

Abguss eines Schuhabdrucks

Fadenzähler zum Vergrößern von Fingerabdrücken

memo
Wissen entdecken

Pistole Beretta 92FS

Kriminalistik

Text von
Chris Cooper

Werkzeug eines Kriminaltechnikers

DK
DORLING KINDERSLEY

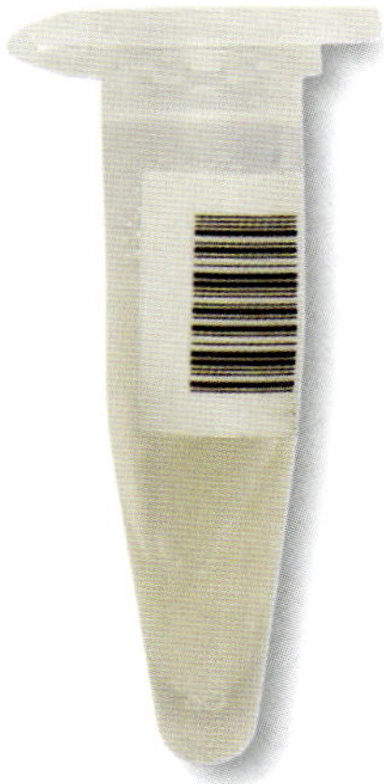

Fläschchen für DNA-Proben

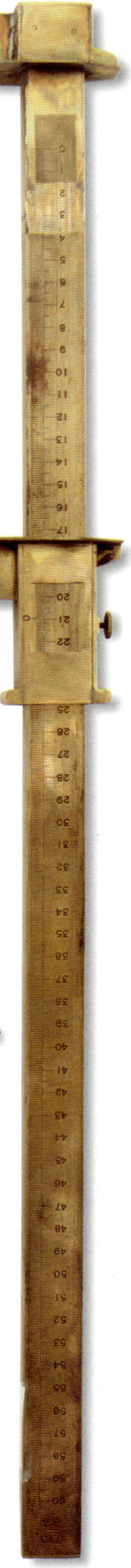

Schieblehre zur Körpervermessung nach Bertillon

Spürhund

Spurentafel für Fotos

Pipette

Skalpell

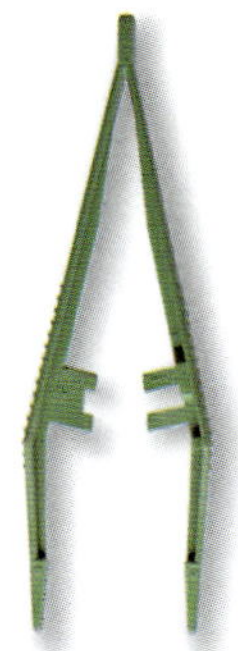

Pinzette

Pinsel für Fingerabdruck-Pulver

Fotoapparat

DORLING KINDERSLEY
London, New York, Melbourne, München und Delhi

Fachliche Beratung Dr. Clive Steele
Projektbetreuung Mary Lindsay
Cheflektorat Camilla Hallinan
Projektleitung Sunita Gahir
Programmleitung Andrea Pinnington
Herstellung Vivianne Ridgeway, Man Fai Lau
Bildredaktion Neville Graham, Owen Peyton Jones
Fotos Andy Crawford
Art Director Martin Wilson
Bildrecherche Sarah Hopper
DK Picture Library Rose Horridge, Emma Shepherd
Umschlaggestaltung Smiljka Surla

DK Delhi
Art Director Shefali Upadhyay
Gestaltung Govind Mittal
DTP-Design Harish Aggarwal

Für die deutsche Ausgabe:
Programmleitung Monika Schlitzer
Projektbetreuung Martina Glöde, Janna Heimberg
Herstellungsleitung Dorothee Whittaker
Herstellung Anna Ponton

Bibliografische Information Der Deutschen Bibliothek
Die Deutsche Bibliothek verzeichnet diese Publikation in der Deutschen Nationalbibliografie; detaillierte bibliografische Daten sind im Internet über http://dnb.ddb.de abrufbar.

Titel der englischen Originalausgabe:
Eyewitness Forensic Science

Übersetzung Dr. Michael Bär,
Dr. Michael Schmidt (S. 64–71, Poster)
Lektorat Eva Schweikart
Satz Roman Bold & Black

Fachliche Beratung Jens Ernesti, Kriminaloberkommissar

ISBN 978-3-8310-1891-8

Colour reproduction by Colourscan, Singapore
Printed and bound in China by Toppan

Besuchen Sie uns im Internet
www.dorlingkindersley.de

Magnetischer Stab

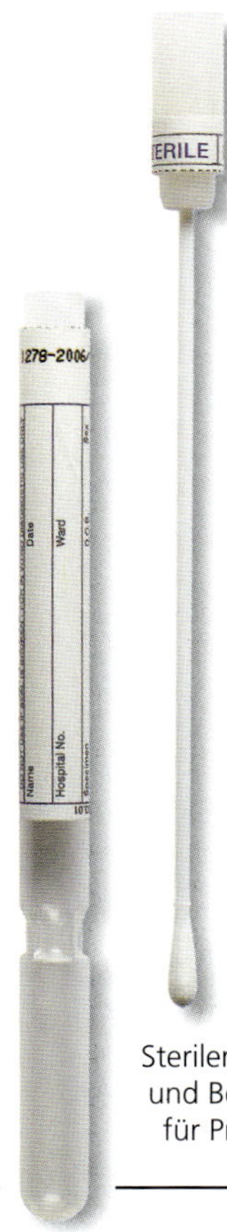

Steriler Tupfer und Behälter für Proben

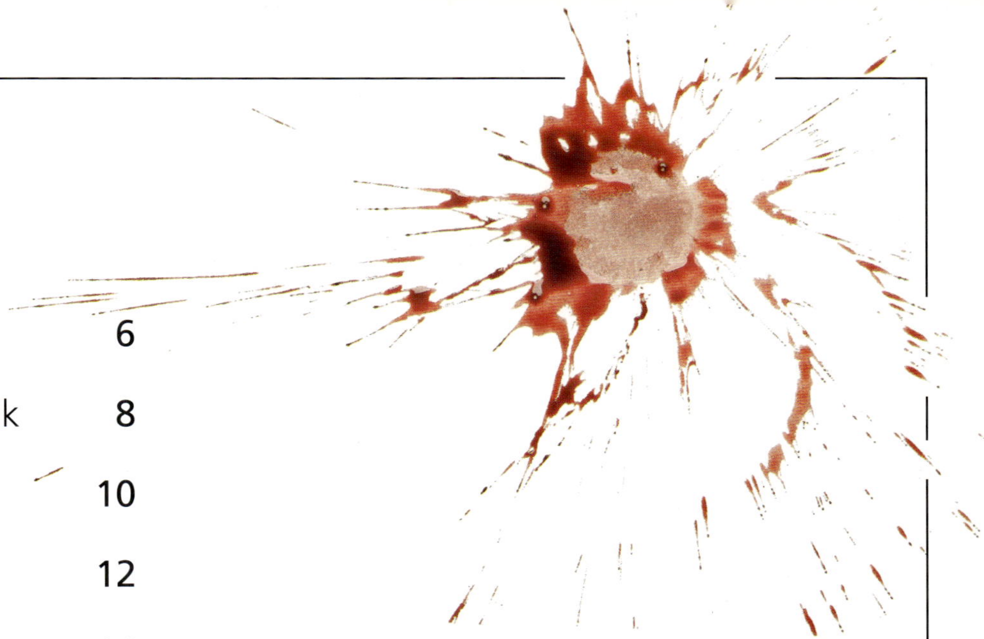

Inhalt

Dem Täter auf der Spur

Forensik oder Kriminaltechnik steht für den Einsatz wissenschaftlicher Methoden zur Aufklärung von Verbrechen (das Wort Forensik kommt vom lateinischen *forum* = Marktplatz). Bei Verbrechen untersucht man den Tatort, die Wohnungen von Verdächtigen und natürlich auch die Leiche – so es eine gibt. Dabei kommen diverse Fachgebiete von der Chemie über die Medizin bis hin zur Entomologie (Insektenkunde) zum Einsatz. Ist der Tathergang unklar, kann die Kriminaltechnik eventuell Indizien liefern, die einen Verdächtigen belasten oder aber seine Unschuld beweisen. Nicht nur Morde und Überfälle werden kriminaltechnisch untersucht, sondern auch Schmuggel von Tieren oder Menschen und Internetbetrug – sprich: alle Arten von Verbrechen.

ERMITTLER AM TATORT
Die Ermittler müssen so bald wie möglich nach einem Verbrechen Beweise suchen, auch wenn das gefährlich ist und sie unter bewaffnetem Schutz arbeiten müssen. Hier wird das Opfer eines Terroranschlags in Nordirland im Jahr 2000 in Augenschein genommen. Damit der Tatort nicht mit Fasern von ihrer Kleidung und dergleichen verunreinigt wird, tragen die Ermittler Schutzanzüge.

Ein Wissenschaftler untersucht eine Blutprobe.

Eine Pistole wird untersucht.

ERMITTLER IM LABOR
Eine Kriminaltechnikerin untersucht in einem FBI-Labor die an einem Tatort gefundene Pistole auf Hinweise wie Fingerabdrücke und Spuren von Blut oder Schweiß. Sie können Aufschluss darüber geben, wer die Waffe zuletzt verwendet hat. Die Wissenschaftlerin prüft, ob die Pistole kürzlich benutzt und wo sie hergestellt wurde. Den Hersteller kann sie anhand der umfangreichen Datenbank des FBI ermitteln.

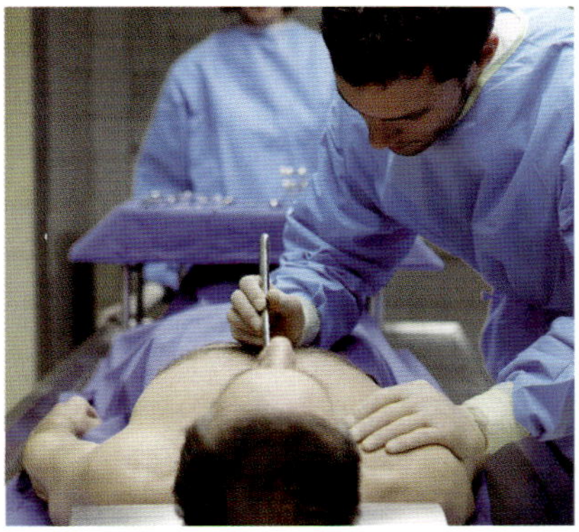

AUTOPSIE
Hier öffnet ein Gerichtsmediziner den Brustkorb eines Toten. Er soll die Todesursache herausfinden und der Polizei mitteilen, ob Anzeichen für ein Verbrechen vorliegen. Nach äußerer Prüfung öffnet er den Körper. Manche inneren Organe entfernt er, um sie genauer untersuchen zu können oder um darunterliegende Organe in Augenschein zu nehmen. Vor der Bestattung werden sie wieder in den Körper zurückgegeben.

ERMITTLER VOR GERICHT
Bei Strafprozessen liefern Sachverständige nach eingehender Untersuchung Beweise, egal, ob sie der Anklage oder der Verteidigung dienen. Hier werden im Prozess gegen den Footballstar O. J. Simpson, der des zweifachen Mordes angeklagt war, Fotos vom Tatort präsentiert. Verteidigung und Anklage ließen ihre jeweiligen Experten antreten, letztendlich aber bezweifelten die Geschworenen einige Beweise der Anklage, und das Verfahren endete im Oktober 1995 mit einem Freispruch.

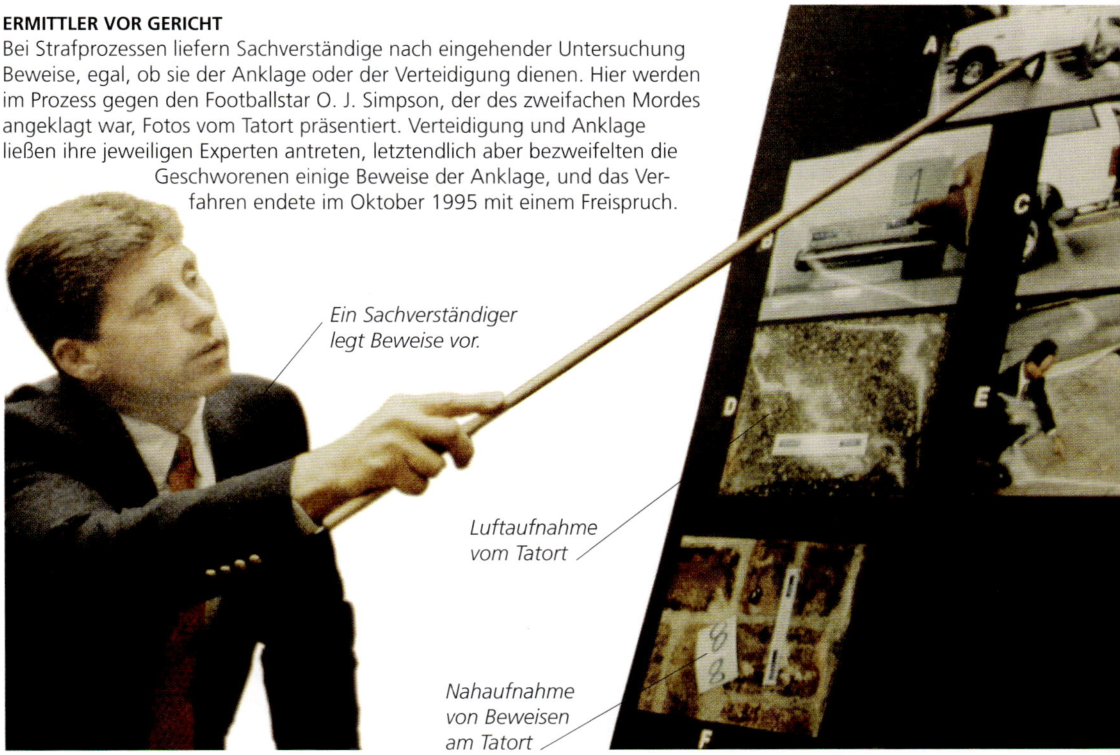

Ein Sachverständiger legt Beweise vor.

Luftaufnahme vom Tatort

Nahaufnahme von Beweisen am Tatort

FBI-Beamter bei einer Pressekonferenz

ERMITTLER IN DER ÖFFENTLICHKEIT
Ein FBI-Beamter spricht nach der Verhaftung eines Bankräubers in den USA bei einer Pressekonferenz. Alle Informationen, die an die Öffentlichkeit gehen, müssen stimmen – dabei verlässt sich die Polizei auf die Arbeit der Kriminaltechniker. Was sie über den Tathergang und den oder die Täter herausgefunden haben, spielt bei der Ermittlung und im späteren Prozess eine wichtige Rolle.

ERMITTLER IM FILM
Greg Sanders (gespielt von Eric Szmanda) ist ein Kriminaltechniker in der Fernsehserie *CSI: Den Tätern auf der Spur*. Er nutzt die Wissenschaft, um Verbrecher ausfindig zu machen. Die Serie wird oft kritisiert, weil die Arbeit der Kriminaltechniker ziemlich reißerisch dargestellt wird. Andererseits hat sie großes Interesse an der Kriminalistik hervorgerufen – davon zeugen „Ableger" wie *CSI: Miami* und *CSI: New York* sowie ähnliche Serien.

EXPERTIN UND AUTORIN
Kriminaltechniker beklagen häufig, dass ihre Arbeit in Büchern, Filmen und Fernsehserien falsch dargestellt werde. Die amerikanische Bestsellerautorin Kathy Reichs ist als angesehene Wissenschaftlerin für die amerikanische und kanadische Polizei tätig, ihre Spezialität ist die Untersuchung von Knochen. Die Hauptfigur ihrer Romane ist die forensische Anthropologin Temperance Brennan, deren Arbeitsbereich dem der Autorin sehr ähnlich ist. Die Fernsehserie *Bones – Die Knochenjägerin* beruht auf den Romanen von Kathy Reichs.

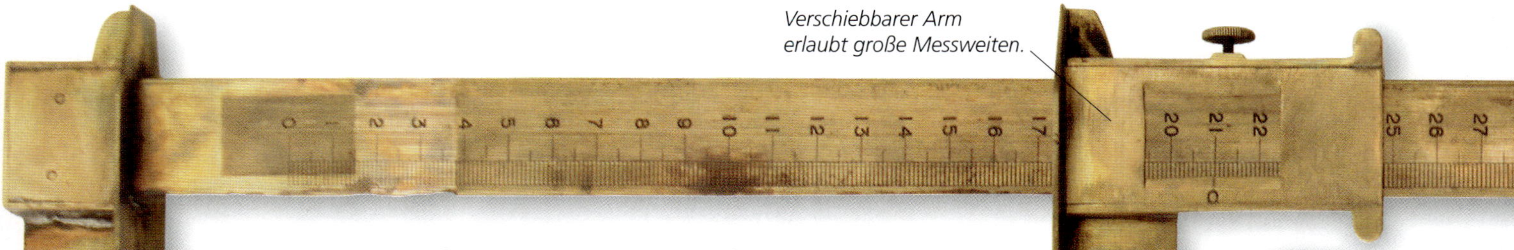

Die Anfänge der Kriminaltechnik

Alphonse Bertillon

Früher glaubte man, die Schuld eines Verdächtigen an seiner Reaktion erkennen zu können, wenn er mit der Anklage konfrontiert wird, oder dass Schuldige unter Folter gestehen, während Unschuldige von Gott die Kraft bekommen, die Tortur auszuhalten. Im 17. Jahrhundert kam man in Europa von diesen Vorstellungen ab und konzentrierte sich fortan auf das systematische Studium der Indizien. Dazu trugen vor allem die wissenschaftlichen Erkenntnisse im 19. Jahrhundert bei. Dank medizinischer Fortschritte war eine genaue Bestimmung der Todesursache möglich, und Mikroskope sowie chemische Tests entlockten den am Tatort gefundenen Beweisstücken mehr Informationen denn je. Fotos ersetzten mündliche Beschreibungen von Verdächtigen. Erstmals erschienen Kriminalromane, deren Helden wissenschaftlich vorgingen. Nicht zuletzt dadurch drang die Bedeutung der Wissenschaft in der Strafverfolgung an die Öffentlichkeit.

GIFTEXPERTE
Mathieu Orfila (1787–1853) trat als Gutachter beim Prozess gegen eine Frau auf, die ihren Mann angeblich mit Arsen vergiftet hatte. Das Gift war in seinem Essen, nicht aber im Körper des Toten gefunden worden. Orfila wies das Gift im Körper nach und schloss aus, dass es aus der Friedhofserde um das Grab stammte. Die Frau wurde daraufhin verurteilt.

VERBRECHERVISAGE?
Cesare Lombroso (1836–1909), ein italienischer Kriminologe, klassifizierte menschliche Gesichter. Er glaubte, manche Menschen seien „geborene Verbrecher", und dies sei an ihren Gesichtern zu erkennen. Er erfand auch einen Lügendetektor, der die Herzfrequenz misst, basierend auf der Annahme, dass Lügen den Puls erhöht.

Cesare Lombroso

SPIEGEL DER SEELE
Das Buch *Der Verbrecher* von Lombroso zeigt Gesichter, von denen er glaubte, sie seien für bestimmte Verbrecher typisch. Oben ist z. B. ein Einbrecher zu sehen, unten eine Brandstifterin. Heute ist allgemein bekannt, dass man Verbrecher nicht am Gesicht erkennen kann.

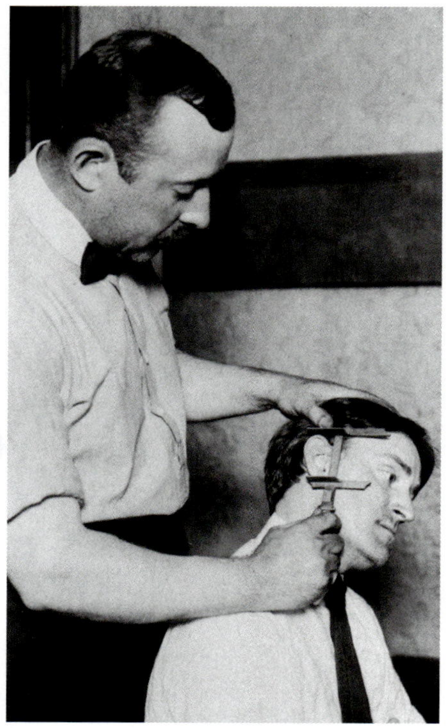

LEIHEN SIE MIR MAL IHR OHR …
Ein Polizist vermisst im Jahr 1908 das Ohr eines Verdächtigen mit einer speziellen Schieblehre und führt damit eine von elf Messungen durch, die nach dem Bertillon-System zur Charakterisierung eines Menschen vorzunehmen waren. Wenn der Betreffende bereits Straftaten begangen hatte oder künftig beging, konnte er anhand seiner Bertillon-Maße identifiziert werden – wenn auch nicht mit absoluter Sicherheit. Zu Beginn des 20. Jh. wurde dieses System durch den wissenschaftlich fundierteren Vergleich der Fingerabdrücke ersetzt.

VERMESSUNG DES MENSCHEN
Das erste wissenschaftliche System zur Identifizierung von Menschen anhand ihres Äußeren war die Bertillonage, benannt nach ihrem Erfinder Alphonse Bertillon (1853–1914). Es wurden Körpermaße wie die Länge von Armen und Beinen oder der Kopfdurchmesser sowie andere Kennzeichen wie Narben oder Tätowierungen registriert und Fotos des Verdächtigen gemacht. Obwohl das System umständlich und nicht immer zuverlässig war, wurde es in vielen Ländern jahrelang eingesetzt. Sein Niedergang begann, als 1903 ein Amerikaner namens Will West ins Gefängnis gesteckt wurde und man hinterher merkte, dass ein anderer Häftling dort fast die gleichen Bertillon-Maße hatte – und William West hieß!

VERBRECHERFOTOS
Die Bertillon-Maße wurden durch Fotos des Verdächtigen ergänzt, normalerweise durch ein Foto von der Seite („im Profil") und eines von vorn. Wenn der Betreffende später erneut ein Verbrechen beging, konnte man sein Foto veröffentlichen, sodass er auf der Straße erkannt wurde. Die hier gezeigten Profile stammen aus Bertillons eigenem Buch mit Verbrecherfotos.

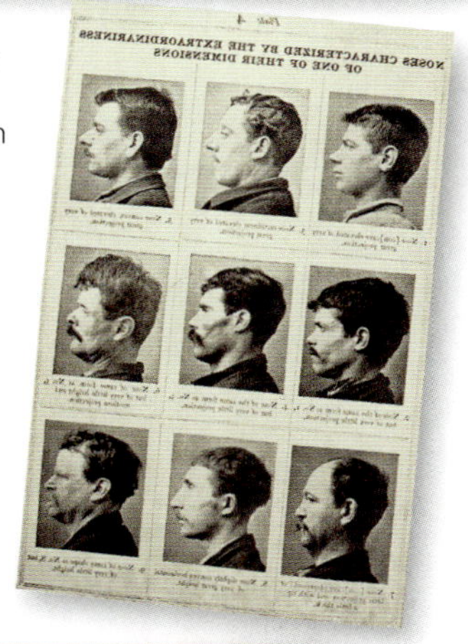

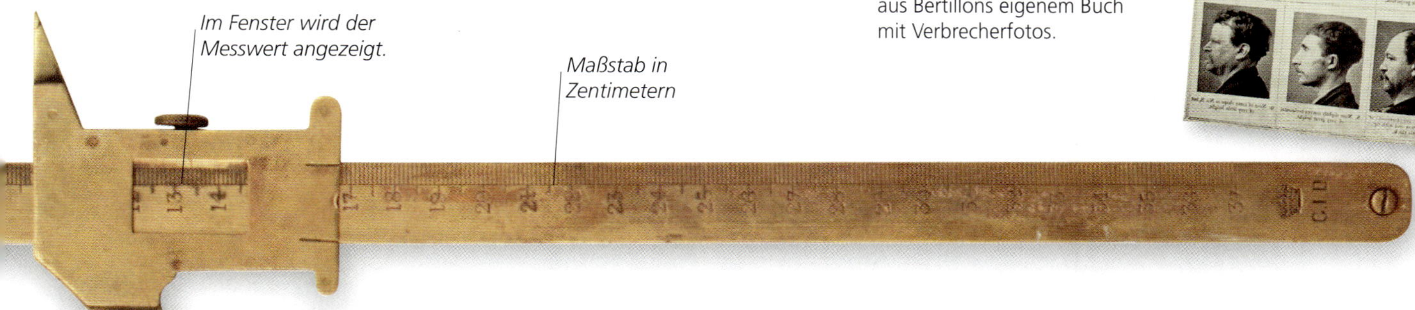

POLIZEIARBEIT WIRD ZUR WISSENSCHAFT
Heute hat jedes größere Land zumindest ein modernes kriminaltechnisches Labor. Das hier gezeigte wurde 1932 von Edgar Hoover gegründet, dem damaligen Chef des FBI. Er war der Meinung, dass die Arbeit der Polizei auf wissenschaftlichen Prinzipien aufbauen müsse. Man konnte in dem Labor mit modernen chemischen und physikalischen Methoden Spuren untersuchen, zugleich begann man, noch nicht untersuchte mögliche Beweisstücke sorgfältig aufzubewahren.

SPURENSUCHER IM ROMAN
Hier nimmt Sherlock Holmes, der von Arthur Conan Doyle erfundene Detektiv, ein Beweisstück unter die Lupe. Neben ihm sind ein Mikroskop und chemische Apparaturen zu sehen. Das erste Buch über den wohl berühmtesten Detektiv der Literatur erschien 1887. Holmes' Erfolg beruht darauf, dass er kleinste Hinweise beachtet, die andere übersehen. Als Romanfigur war er außerordentlich populär; einer der bekanntesten Filme über ihn ist *Der Hund von Baskerville*.

Basil Rathbone als Sherlock Holmes

BRIEF VOM MÖRDER?
Dieser Auszug aus einem Brief stammt angeblich von dem Serienmörder „Jack the Ripper", der im Jahr 1888 London in Angst und Schrecken versetzte. Mit den damals gängigen Methoden war dem Brief nicht viel zu entlocken. Moderne DNA-Tests haben gezeigt, dass er von einer Frau stammt und somit wahrscheinlich fingiert ist.

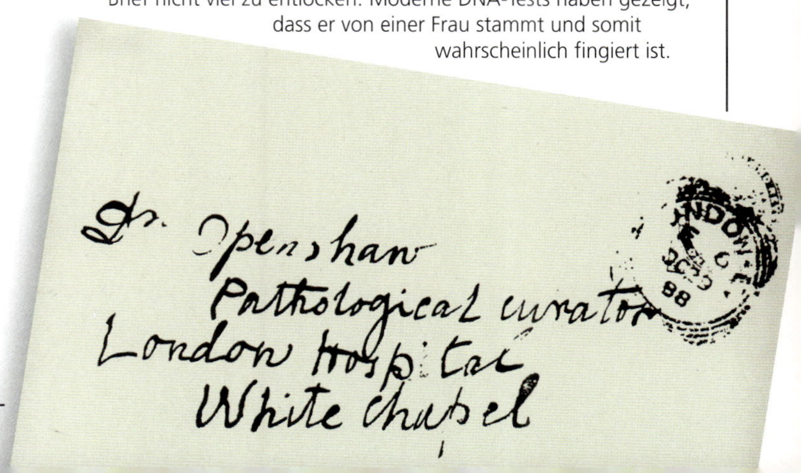

Sicherung des Tatorts

Früher suchten die Polizisten den Tatort mit bloßen Händen nach Beweismaterial ab. Das war nicht weiter schlimm, weil die minimalen Spuren, die sie selbst dabei hinterließen, mit den damaligen Techniken ohnehin nicht nachzuweisen waren. Inzwischen hat die Kriminaltechnik enorme Fortschritte gemacht. Bei einer schweren Straftat verwandelt die Spurensicherung den Tatort heute praktisch in ein Labor, und nur bestimmte Personen dürfen das abgesperrte Gebiet betreten. Die Ermittler registrieren mögliche Beweisstücke anhand von Fotos, Skizzen, Notizen und Messungen. Gleichzeitig werden Zeugen ausfindig gemacht. Dabei ist Schnelligkeit Trumpf: Die Zeugen müssen befragt werden, solange ihre Erinnerungen noch frisch sind, und Spuren, die sich z. B. durch Witterungseinflüsse verändern können, müssen rasch gesichert werden.

GESCHLOSSENE GESELLSCHAFT
Wenn die Polizei zum Tatort kommt, stellt sie zuerst sicher, dass niemand in Gefahr ist. Danach organisiert sie Hilfe für Verletzte, anschließend wird das Gebiet abgesperrt. Oft finden sich Neugierige, Journalisten und Fotografen an einem Tatort ein. Sie müssen ferngehalten werden, bis alle Indizien gesichert sind, damit sie diese nicht versehentlich verändern und so die Ermittler in die Irre führen.

Absperrband für den Tatort während der Spurensicherung

VERLETZTE UND TOTE
Verletzte, die noch Lebenszeichen zeigen, werden möglichst schnell per Ambulanz ins Krankenhaus gebracht. Bei Toten muss ein Arzt den Tod bestätigen, erst dann dürfen sie weggebracht werden. Diese Leiche wurde 2005 nach dem Hurrikan Katrina in New Orleans gefunden und gerichtsmedizinisch untersucht, weil man nicht ausschließen konnte, dass der Mann eventuell kurz vor dem Sturm Opfer eines Verbrechens wurde.

FRAGEN UND ANTWORTEN
Bei vielen Ermittlungen tragen oft nur wenige der zahlreichen Informationen von Zeugen zur Aufklärung bei. Wenn ein Kapitalverbrechen vorliegt, stellen die Polizisten allen, die etwas mitbekommen haben könnten, z. B. Anwohnern, dieselben Fragen und werten später deren Antworten aus. Oft legen sie ihnen auch Fotos oder Zeichnungen des Opfers und eventueller Verdächtiger vor.

BRUCHLANDUNG
Hier untersuchen Experten die Wrackteile eines Verkehrsflugzeugs, das bei der Landung in Indonesien Feuer fing. Um die Ursache einer solchen Katastrophe herauszufinden, sind oft lange Untersuchungen nötig, wobei Fragen zu beantworten sind wie: War es ein Unfall oder ein Verbrechen? War die Fluggesellschaft nachlässig oder die Besatzung unvorsichtig? Oder war es Sabotage?

Die Ermittler suchen den Tatort auf allen vieren ab, damit nichts übersehen wird.

AKRIBISCHE SPURENSUCHE
Polizisten in Schutzanzügen (links) suchen jeden Quadratzentimeter einer Straße nach Hinweisen auf den Mörder einer Frau ab, die tot am Straßenrand gefunden wurde. Eventuell müssen sie auch noch in der weiteren Umgebung die Straßen und Müllcontainer absuchen. Oft wissen die Polizisten zunächst gar nicht, wonach sie suchen. Die meisten gefundenen Gegenstände erweisen sich später als unwichtig für die Ermittlung, müssen aber dennoch katalogisiert und als potenzielle Beweisstücke behandelt werden, bis sicher ist, dass sie keine sind.

SUCHSTRATEGIEN
Es gibt diverse Vorgehen für das Absuchen eines Gebiets. Um es schnell und doch zuverlässig abzudecken, bleibt man in der Regel beim einmal gewählten Vorgehen. Nichts darf ausgelassen werden, und jede Stelle sollte am besten zweimal, aber nicht öfter, abgesucht werden. Hilfreich ist es, wenn eine einzige Person die Suche leitet – so vermeidet man widersprüchliche Anweisungen.

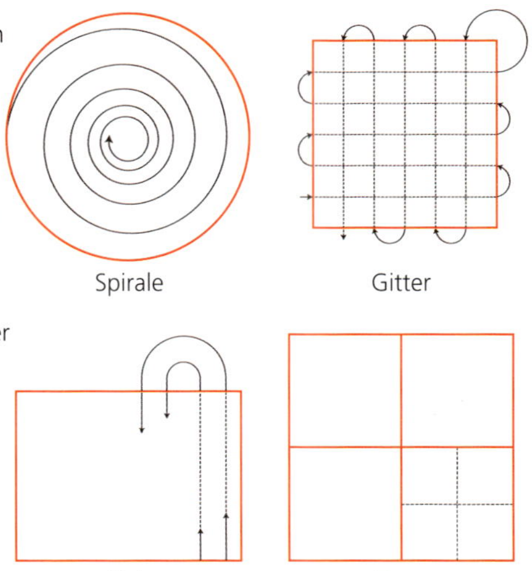

Ein Hinweis: getrocknetes Blut auf einem Backstein

Dokumentation am Tatort

Am Tatort dokumentieren die Kriminaltechniker alles, was mit der Straftat in Zusammenhang stehen könnte. Sie notieren ihre Beobachtungen, machen Skizzen und Fotos, sodass sie sich später nicht allein auf ihr Gedächtnis verlassen müssen und damit ihre Aussagen auch vor Gericht Bestand haben. Die Ermittler beherzigen dabei einen Grundsatz von Edmond Locard, einem französischen Pionier der Forensik: „Jeder Kontakt hinterlässt eine Spur." Mit anderen Worten: Jeder, der sich am Tatort aufhält, hinterlässt eigene Spuren wie Haare, Schweiß, Hautschuppen, Textilfasern von der Kleidung oder Schmutz von den Schuhen. Zugleich entfernt er unbeabsichtigt Spuren vom Tatort, beispielsweise Blütenpollen, Fett von einer Pistole, Teppichfasern und eventuell Spuren von Drogen oder Sprengstoffen. Aus diesem Grund tragen die Polizisten und Techniker am Tatort stets Schutzkleidung und spezielle Schuhe.

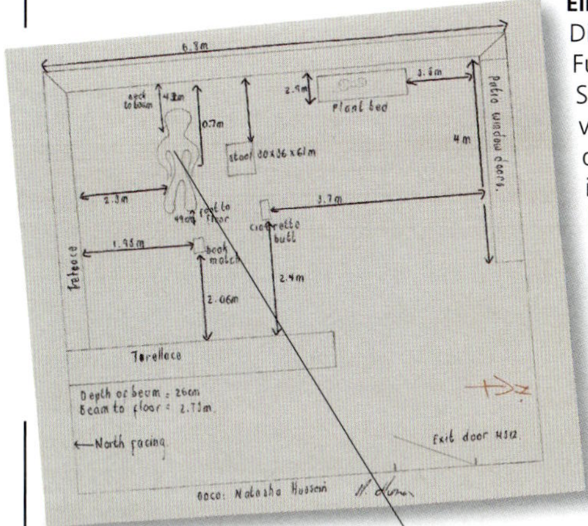

Fundort der Leiche

EIN BILD DER TAT
Diese Tatortskizze zeigt den Fundort einer Leiche. Auf der Skizze sind auch die Lage verschiedener Objekte und die Entfernungen zwischen ihnen angegeben, also Dinge, die sich mit Fotos nicht gut festhalten lassen. Mit Computern kann man relativ schnell gute Skizzen erstellen. Sie werden ausgedruckt und zur Bestätigung, dass sie mit dem Tatort übereinstimmen, von den zuständigen Ermittlern unterzeichnet.

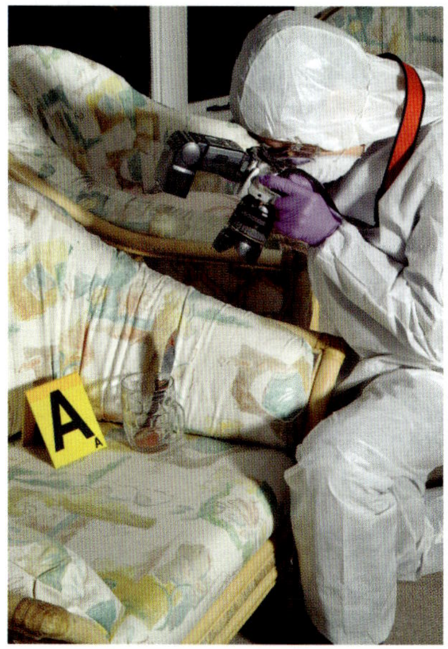

JEDE MENGE FOTOS
Ein Polizeifotograf, der wie seine Kollegen einen Schutzanzug trägt, nimmt gerade am Tatort einen Gegenstand auf: ein Messer. Er fotografiert außerdem den Tatort aus allen Richtungen, damit die Ermittler hinterher den Tathergang besser rekonstruieren können. Manchmal stellt der Fotograf eine Skala ins Bild, sodass die Betrachter später eine Vorstellung von der Größe des jeweiligen Gegenstands haben.

TECHNIKER-MODE
Die labortechnische Untersuchung von Beweisstücken wäre wesentlich schwieriger, wenn an diesen z. B. auch Haare der Kriminaltechniker oder Schmutz von ihren Schuhen haften würden. Schutzanzüge verhindern dies und schützen die Träger zudem vor eventuell am Tatort vorhandenen Giften oder gefährlichen Keimen. Spezielle Überschuhe, in deren Sohlen in Großbritannien und den USA das Wort „POLIZEI" eingeprägt ist, sorgen dafür, dass die Fußabdrücke der Ermittler nicht mit denen Verdächtiger verwechselt werden.

Die Haube verhindert, dass Haare auf den Boden fallen.

Die Gesichtsmaske schützt vor Schadstoffen.

Einteiliger Schutzanzug

Schuhabdruck in feuchtem Sand

Skala zeigt Größe des Schuhabdrucks.

SCHUHABDRÜCKE IM VISIER
Fußabdrücke können viele Informationen liefern, werden aber leicht zerstört. Daher fertigt man eine „Kopie“ an, um den Abdruck dauerhaft zu dokumentieren und vor allem transportieren zu können. Der Abdruck wird mit flüssigem Gips ausgegossen, den man härten lässt. Der Rahmen soll den Abdruck stabilisieren. Befindet sich der Fußabdruck auf sehr weichem Untergrund (z. B. Schnee), kann er mit einer härtenden Substanz besprüht werden, bevor ein Abguss gemacht wird.

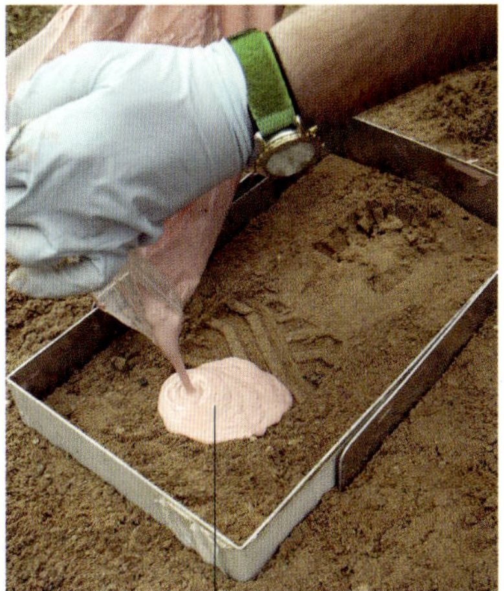

Gips

VERRÄTERISCHER UMRISS
Wird am Tatort eine Leiche gefunden, so wird deren Umriss auf den Boden gezeichnet oder fotografisch gesichert. Erst nachdem die Lage markiert und die Leiche aus allen Richtungen fotografiert wurde, darf sie entfernt werden. Die Lage kann Hinweise über die Art des Angriffs geben oder auch den Beweis liefern, dass die Aussage eines Verdächtigen nicht stimmt. Auf dem Foto oben ist zusätzlich ein Blutfleck gekennzeichnet.

Der Handschuh schützt die Haut und verhindert, dass z. B. Schweiß und eigene Fingerabdrücke übertragen werden.

Ausrüstungskoffer

Überschuh

Gekennzeichnete Schuhsohle

Karte für das 15. Beweisstück

ZUORDNUNG
Polizeifotografen stellen oft Markierungskarten neben Gegenstände, die sie aufnehmen. Auf den Karten stehen Zahlen oder Buchstaben, die zusammen mit den Gegenständen aufgelistet werden. So vermeidet man, dass Beweisstücke im Nachhinein verwechselt werden.

ERMITTLUNG AUF PLATTEN
Erhöhte Platten wie die abgebildete verwenden Ermittler in Fällen, bei denen der Untergrund nicht betreten werden darf, damit keine Hinweise zerstört werden.

Jede Spur zählt

Wenn Kriminaltechniker beginnen, Hinweise zu sichern und zu dokumentieren, haben sie bereits Vorkehrungen getroffen, dass sie selbst keine Spuren hinterlassen (durch Schutzanzüge, Handschuhe und Überschuhe). Als Nächstes müssen sie darauf achten, dass nichts und niemand die vorhandenen Spuren beschädigt. Was vom Tatort entfernt wird, kommt in Behältnisse wie Beutel und Glasgefäße, die etikettiert, beschriftet und in manchen Ländern auch versiegelt werden. Die Siegel sind so beschaffen, dass niemand unbemerkt an die gesicherten Gegenstände herankommt. Außerdem muss jeder auf dem Etikett unterschreiben, der mit dem betreffenden Beweisstück zu tun hatte. Nur unter diesen Umständen sind die Beweise später gerichtstauglich.

1. Fingerabdruck-Formulare, *auf denen Abdrücke mit Tinte festgehalten werden*

2. Etiketten *für Beweisstücke*

3. Klebeband, *um Fingerabdrücke von Gegenständen abzunehmen*

4. Pinsel *zum Auftragen von Pulver auf Fingerabdrücke*

5. Fläschchen *mit reinem Wasser zum Lösen getrockneter Flecken*

6. Rolle, *mit der Klebeband auf Fingerabdrücke gepresst wird*

7. Digitalthermometer *zur Messung der Lufttemperatur*

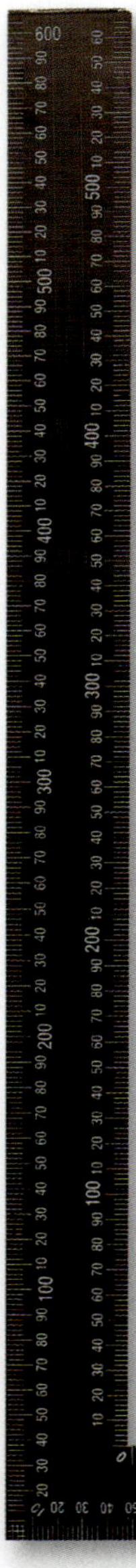
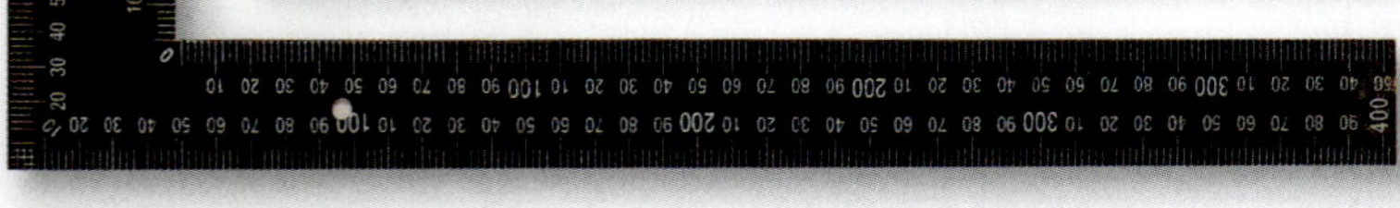

ALLES ZUR HAND

Am Tatort gilt es, keine Zeit zu verlieren: Alle Werkzeuge der Ermittler müssen griffbereit sein. Sichergestellte Gegenstände kommen in Beutel, Glasbehälter oder Umschläge, die beschriftet und versiegelt werden. Blut und andere Flüssigkeiten werden mit Tupfern, die Wattestäbchen ähneln, aufgenommen. Handschuhe und Skalpelle beispielsweise darf man nur ein einziges Mal verwenden, damit keine Spuren verunreinigt werden.

KAMERAS

Am Tatort kommen klassische Kameras mit Filmen, in Deutschland auch Digitalkameras zum Einsatz. Digitale Aufnahmen werden vor Gericht manchmal angezweifelt, weil sie leicht zu manipulieren sind, in Deutschland sind sie jedoch gerichtsverwertbar. Sobald es einen wirksamen Schutz gegen Manipulationen gibt, dürften auch an Tatorten verstärkt Digitalkameras eingesetzt werden.

GANZ GENAU

Kriminaltechniker vermessen am Tatort verschiedene Objekte und legen, um ihre Größe zu zeigen, Maßskalen daneben, wenn sie fotografiert werden. Die hier gezeigten Winkelskalen werden z. B. in die Ecke eines Raums gestellt oder an Möbel angelegt.

SICHER IST SICHER

Beweisstücke, die am Tatort gefunden werden, kommen in manipulationssichere Behältnisse. Sie sind entweder aus Papier oder durchsichtigem Kunststoff und tragen ein aufgedrucktes Formular oder bekommen ein Etikett, auf dem jeder unterschreibt, der das Beweisstück aus irgendeinem Grund zur Hand nimmt. Diese „Kontrollkette" soll sicherstellen, dass sich niemand unbefugt an den Beweisstücken zu schaffen machen kann. Die deutsche Kriminalpolizei verwendet zudem spezielle Kontrollhefte.

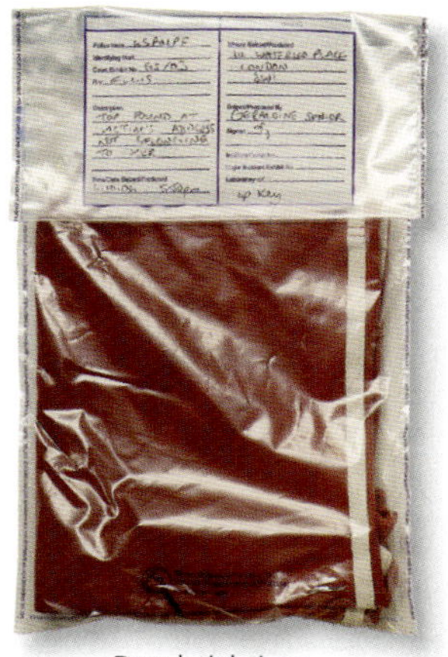

Durchsichtiger Beweismittelbeutel

8. Vergrößerungsglas

9. Pinzette *zum Aufnehmen kleiner Gegenstände*

10. Winkelmesser

11. Fingerabdruck-Pulver aus Aluminium, *mit dem Fingerabdrücke sichtbar gemacht werden*

12. Magnetisches Fingerabdruck-Pulver, *mit dem Fingerabdrücke sichtbar gemacht werden*

13. Lineale *zur einmaligen Verwendung*

14. Tupfer in Fläschchen *zum Aufnehmen von Flüssigkeiten*

15. Latexhandschuhe

16. Maßbänder

17. Skalpell *zur einmaligen Verwendung*

18. Absperrband *für den Tatort*

19. Pipetten *für Flüssigkeiten*

Beweismittelbeutel aus Papier

Fingerabdrücke nehmen

Erstmals wurden in den 1890er-Jahren in Argentinien Fingerabdrücke systematisch gesammelt und archiviert, um Täter zu identifizieren. Heute gibt es in jedem Land zumindest eine Datenbank mit Fingerabdrücken von Straftätern. Manche Fingerabdrücke am Tatort sind mit bloßem Auge erkennbar, andere müssen erst sichtbar gemacht werden (diese nennt man latent). Von sämtlichen Personen, die sich kurz vor dem Verbrechen am Tatort aufgehalten haben (zum Beispiel Familienmitgliedern), werden Fingerabdrücke genommen. Finden sich „fremde" Abdrücke, so werden sie mit denen von Verdächtigen oder in Datenbanken gespeicherten Abdrücken von Straftätern verglichen.

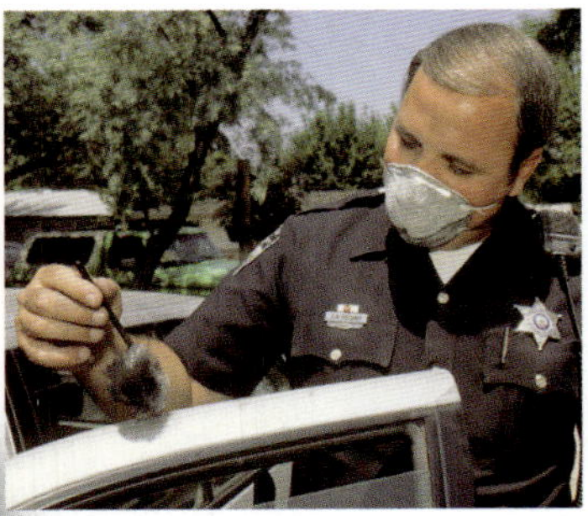

FARBIGE PULVER
Glatte Metalloberflächen nehmen Fingerabdrücke leicht an. Hier ist ein Polizist dabei, Fingerabdruck-Pulver auf eine Autotür zu pinseln. Weil Autos unterschiedliche Farben haben, brauchen die Ermittler verschiedenfarbige Pulver, damit sich der Abdruck vom Lack abhebt. Nicht nur die Türen können Fingerabdrücke aufweisen, man sucht auch den Innenraum, die Karosserie, den Motor- und Kofferraum und manchmal sogar den Unterboden danach ab.

UNTER DER LUPE
Das Vergrößerungsglas ist eines der ältesten und einfachsten Hilfsmittel der Ermittler, leistet aber nach wie vor wertvolle Dienste. Es ist unentbehrlich, um Fingerabdrücke und andere Spuren besser zu erkennen.

PINSEL
Um Fingerabdrücke sichtbar zu machen, pinselt man ein feines Pulver auf Flächen. Das Pulver bleibt an den Abdrücken haften, sodass diese deutlich zu sehen sind. Breite Pinsel sind für größere Flächen gedacht, schmalere z. B. für Vertiefungen. Welcher Pinsel zum Einsatz kommt, hängt auch von dem verwendeten Pulver ab.

DUNKEL UND HELL
Hier ist der Rest eines Pulvers zu sehen, das über einen Fingerabdruck gepinselt wurde. Art und Farbe des Pulvers werden je nach der zu untersuchenden Oberfläche gewählt. Dunkles Fingerabdruckpulver besteht meist aus feinen, rußähnlichen Kohlenstoffteilchen (Grafit), helle Pulver sind z. B. aus Kreide oder Titandioxid.

KLEBEBAND
Drückt man dieses transparente Klebeband auf eine Fläche, auf der sich ein Fingerabdruck befindet, wird der Abdruck auf das Band übertragen. Er kann dann analysiert und mit anderen Abdrücken verglichen werden.

ROLLE
Mit dieser Rolle wird das Klebeband auf den Fingerabdruck gepresst. So werden Luftbläschen entfernt und optimaler Kontakt zwischen Klebeband und Abdruck hergestellt, sodass das Abbild exakt wird.

FINGERABDRÜCKE SICHERN

Spurensicherer müssen nicht nur wissen, wo Abdrücke zu finden sind, sondern auch, wie man beschädigte Abdrücke rekonstruieren und wie man die Ergebnisse ihrer Untersuchung so dokumentieren kann, dass sie noch Jahre später als Beweise taugen.

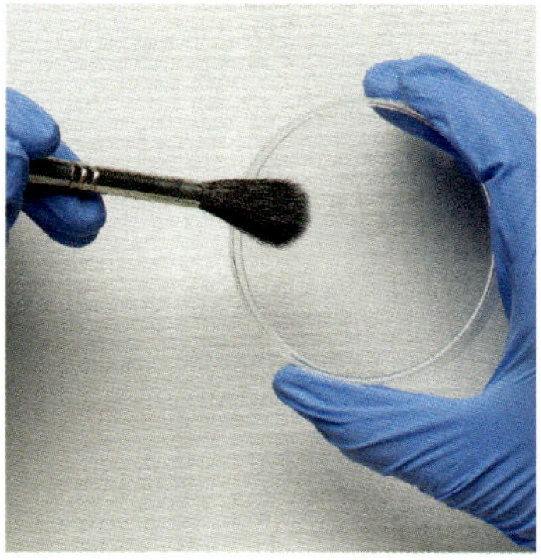

1 EINPINSELN Die Fingerabdrücke auf diesem Teller sind kaum zu sehen. Der Ermittler (der selbstverständlich Handscnuhe trägt) pinselt vorsichtig Pulver auf.

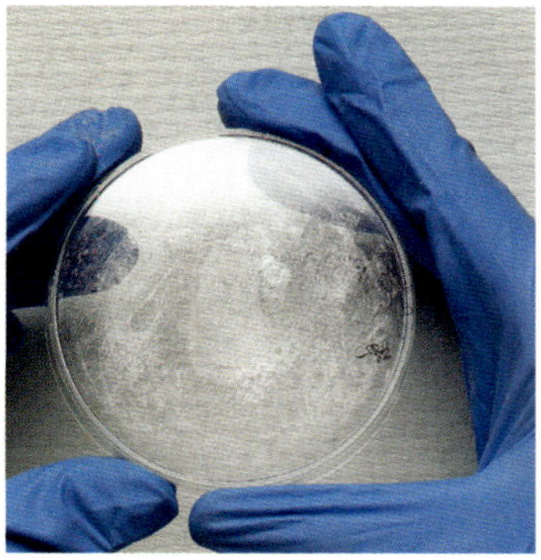

2 SICHTBAR Nun ist ein großer Abdruck zu sehen. Damit er als Beweis taugt, muss er aber noch deutlicher und vor allem dauerhaft gemacht werden.

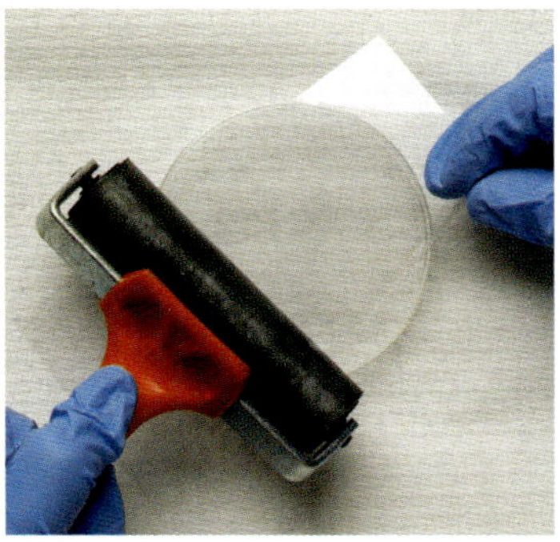

3 DIE ROLLE DER ROLLE Das Klebeband wird mit der Rolle fest auf die Oberfläche gepresst, sodass sich der Talg des Fingerabdrucks darauf überträgt.

4 KOPIERT Nun wird das Klebeband in einer gleichmäßigen Bewegung von der Fläche abgezogen. Es trägt eine Kopie des Fingerabdrucks.

5 WAS DANACH GESCHIEHT Das Klebeband kommt in eine Schutzhülle, auf der steht, wann und wo der Abdruck gefunden wurde. Anschließend kann er mit der Lupe betrachtet, fotografiert und gescannt werden. Die erfassten Informationen werden in einer Datenbank gespeichert, das Original wird archiviert.

ZAUBERSTAB?

Statt Pinseln und Grafitpulver (der häufigsten Methode zur Sicherung von Fingerabdrücken) kann man auch einen magnetischen Stab und Metallpulver verwenden. Das Metallpulver bildet einen buschigen Klumpen am Stabende und wird über die zu untersuchende Fläche „gebürstet", wobei die Metallteilchen an den Talgspuren des Abdrucks haften bleiben.

MAGNETISCHES PULVER

Eisenpulver wird von Magneten angezogen. Es ist in vielen Farben erhältlich, kann aber nicht auf Oberflächen aus Eisen, Stahl und etlichen anderen Metallen angewendet werden.

Großer magnetischer Stab

Kleinerer Stab (Bleistiftgröße)

1 PULVER AUFNEHMEN Mit der Spitze des Stabs wird etwas Magnetpulver aufgenommen. Es bildet eine Art Bürste, die den Fingerabdruck nicht beschädigt.

2 ABDRUCK SICHTBAR MACHEN Wenn man mit Magnetpulver über die Fläche streicht, erscheint ein Abdruck (hier eine ganze Hand). Normalerweise werden nur Fingerabdrücke registriert, aber Handabdrücke sind ebenfalls individuell und können nützlich sein. Ein Vorteil des Magnetpulvers besteht darin, dass ein Überschuss leichter zu entfernen ist als bei Grafitpulver. Dadurch erhält man schneller einen deutlichen Abdruck.

Fingerabdrücke analysieren

FADENZÄHLER
Eine klappbare Alternative zur Lupe ist der Fadenzähler, den es in verschiedenen Größen und Stärken gibt.

Schon lange ist bekannt, dass sich Fingerabdrücke – die Muster der verschlungenen Linien auf den Fingerspitzen – von Mensch zu Mensch unterscheiden. Um die Mitte des 19. Jahrhunderts wurden sie bei der britischen Kolonialverwaltung in Indien erstmals anstelle von Unterschriften auf Verträgen verwendet. Bald darauf veröffentlichte der britische Naturforscher Francis Galton seine Untersuchungen dazu und wies auf zwei entscheidende Tatsachen hin: Die Fingerabdrücke eines jeden Menschen sind einzigartig und sie bleiben das ganze Leben über gleich. 1891 begann die Polizei in Argentinien, Fingerabdrücke zu archivieren, die Briten und Amerikaner folgten bald. Heute hat jedes Land Datenbanken mit Fingerabdrücken, außerdem Spezialisten, die sie auswerten können. Die Fingerabdrücke werden heutzutage elektronisch gespeichert und können in Sekundenschnelle rund um die Welt ausgetauscht werden. Auch Hand- und Fußabdrücke sind einmalig und dienen manchmal zur Identifizierung von Personen.

WILHELM HERSCHEL
Ab Mitte des 19. Jh. forderte Herschel (1833–1918) als britischer Beamter in Indien von seinen Vertragspartnern Handabdrücke (später nur noch die Abdrücke zweier Finger). Sie sollten die Unterschriften auf Dokumenten ergänzen. Anfangs ging es Herschel lediglich darum, dass der betreffende Partner den Vertrag auch wirklich ernst nahm. Bald erkannte er jedoch, dass Fingerabdrücke einmalige Personenkennzeichen sind.

EXPRESSDRUCK
Mit Tinte eingefärbte Filmstücke beschleunigen das Abnehmen von Fingerabdrücken. Die Schutzschicht wird entfernt, der Verdächtige drückt seine Fingerspitzen erst auf die Tinte und danach auf ein spezielles Formular. Die Standardisierung des Verfahrens vereinfacht den Vergleich der Abdrücke.

Mit Tinte getränktes Papier erleichtert das Abnehmen von Fingerabdrücken.

Jeder Finger der Hand hat sein eigenes Muster.

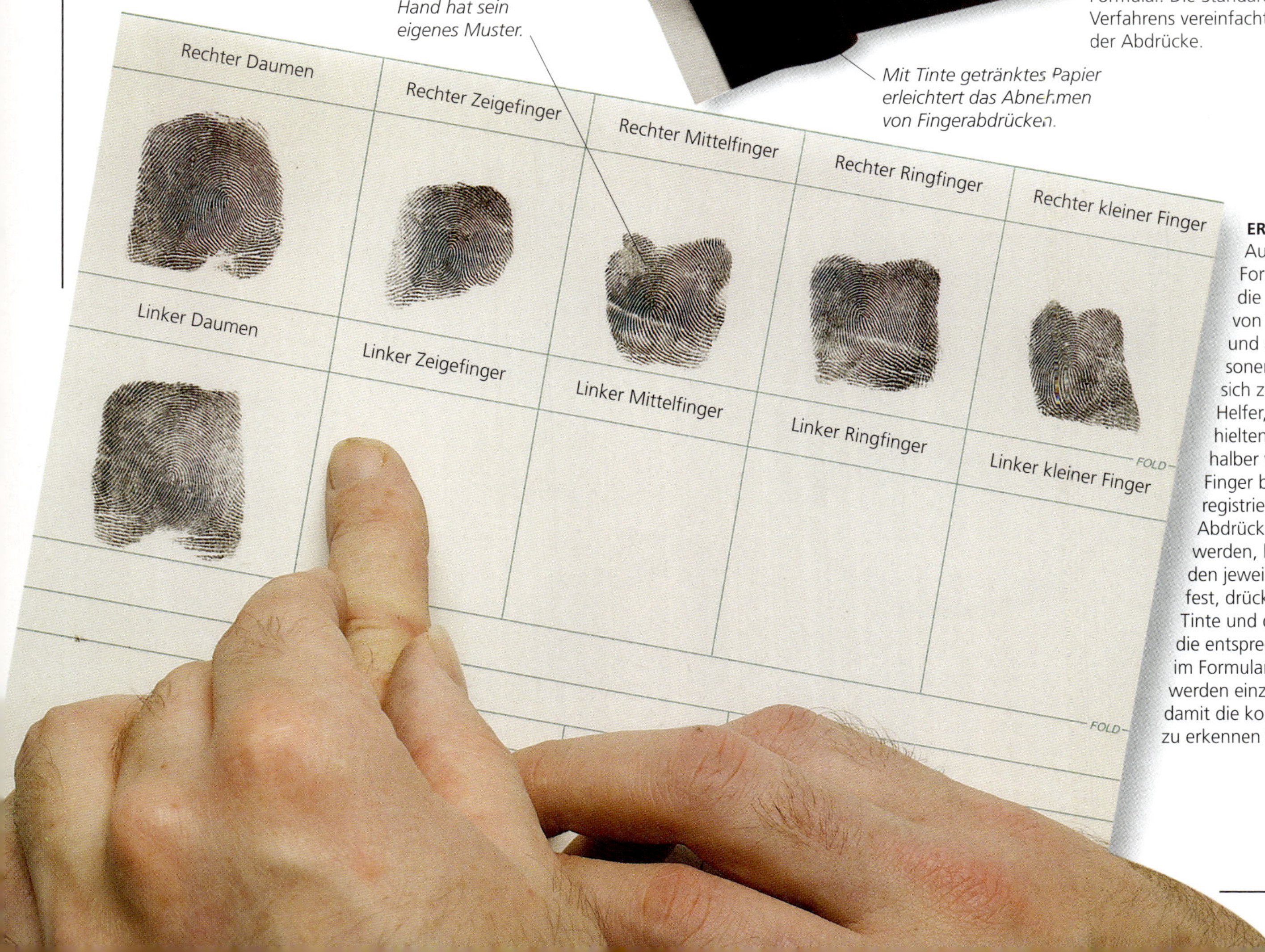

ERFASST!
Auf solchen Formularen werden die Fingerabdrücke von Verdächtigen und auch von Personen erfasst, die sich zufällig, z. B. als Helfer, am Tatort aufhielten. Sicherheitshalber werden alle Finger beider Hände registriert. Damit die Abdrücke deutlich werden, hält ein Polizist den jeweiligen Finger fest, drückt ihn in die Tinte und danach auf die entsprechende Stelle im Formular. Die Finger werden einzeln abgerollt, damit die komplette Breite zu erkennen ist.

SCHLANGENLINIEN

Die drei Bilder unten zeigen die häufigsten Muster bei Fingerabdrücken. Bei Wirbeln bilden die Linien in der Nähe des Zentrums geschlossene Kreise. Schleifen kommen am häufigsten vor – hier laufen die Linien um das Zentrum und dann zurück in die ursprüngliche Richtung. Bei Bogen verlaufen sie durch das Zentrum zur anderen Seite.

Wirbel

Schleife

Bogen

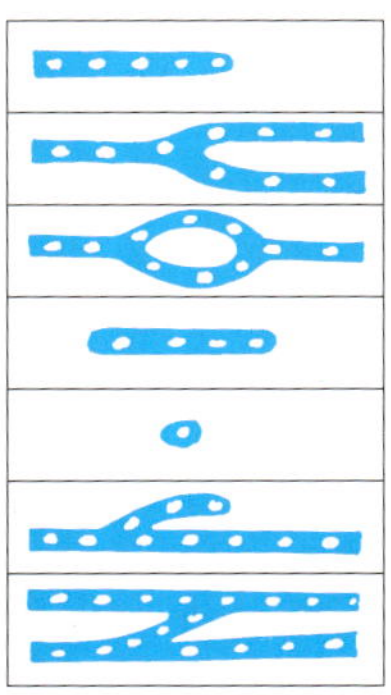

Ende einer Linie

Verzweigung

See

Einzelne Linie

Punkt oder Insel

Sporn

Kreuzung

BLICK AUF DIE DETAILS

Beim Vergleich von Fingerabdrücken achtet man auf bestimmte kleine Eigenschaften der Muster (oben). Diese anatomischen Merkmale wurden von Francis Galton (1822–1911) klassifiziert. Man prüft, wo die Merkmale vorkommen, und wenn viele davon bei den zwei Abdrücken übereinstimmen, werden sie für identisch erklärt.

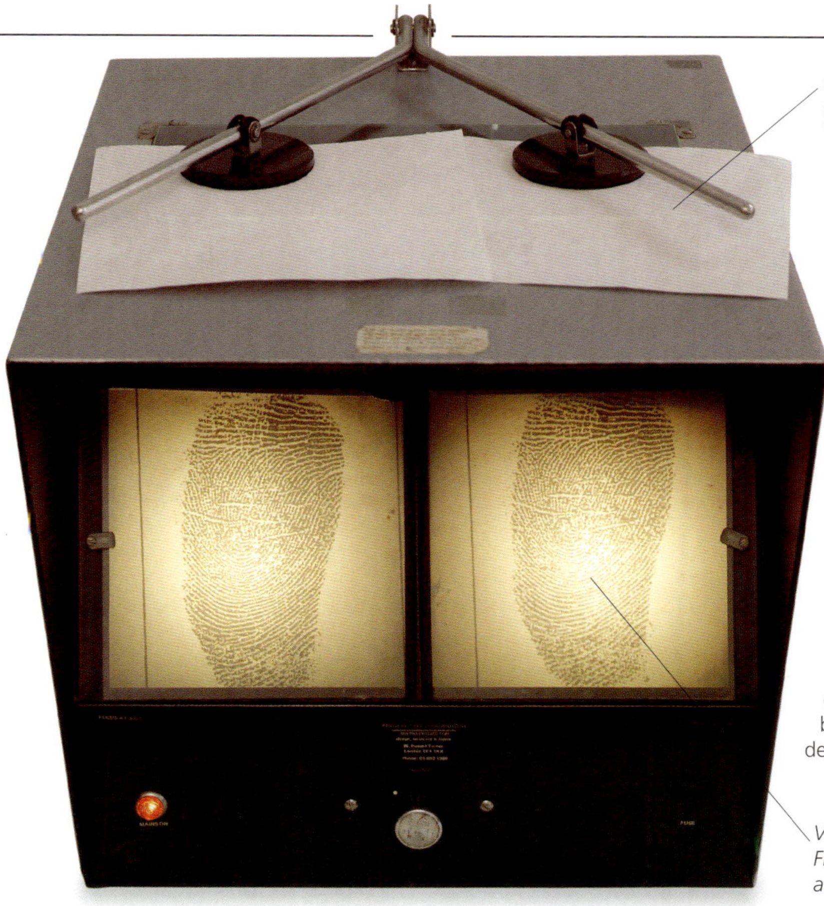

Fingerabdrücke liegen umgekehrt auf dem Vergleicher.

Vergrößerter Fingerabdruck auf dem Monitor

AKRIBISCHER VERGLEICH

Zum Vergleich zweier Fingerabdrücke muss der Experte sie nebeneinander sehen. Sie werden auf einen Komparator (Vergleicher) gelegt, der sie vergrößert und in zwei Bildschirmfenster projiziert. Betrachtet werden erst die Hauptmuster (Schleifen, Wirbel, Bogen), dann die Details, d. h. die anatomischen Merkmale: wie sich die Linien verzweigen, wie sie enden oder Schleifchen bilden. Manchmal finden sich im Hauptmuster Hautrisse oder winzige Narben, die das Aussehen des Abdrucks beeinflussen. Diese ignoriert der Experte beim Vergleichen.

Dose im Klebstoffdampf

UNSICHTBARES SEHEN

Ein undeutlicher Fingerabdruck kann mit Sekundenkleber verstärkt werden. Das Objekt – hier eine Dose – kommt zusammen mit dem Kleber in eine Kammer. Beim Aufheizen gibt der Klebstoff Dämpfe ab, die mit dem Talg (Fett) des Fingerabdrucks zu einer festen weißen Substanz reagieren, die gut sichtbar ist.

SO KOMMT LICHT INS DUNKEL

Einen Fingerabdruck zu finden, ist eine Sache, ihn so zu darzustellen, dass er analysiert werden kann, eine andere. Laserlicht kann die Qualität eines Abdrucks verbessern und schwache Details klarer zeigen. Hier wird die zuvor mit Klebstoffdampf behandelte Dose mit Laserlicht bestrahlt. Durch die Behandlung mit dem Klebstoff sind die Fingerabdrücke bereits als harte Ablagerung zu sehen, und das Licht zeigt sie noch deutlicher. Nun werden sie fotografiert, und die Dose bewahrt man als Beweisstück auf, bis die Tat aufgeklärt ist.

Durch Klebstoffdampf sichtbar gemachter Abdruck

VERGLEICH PER COMPUTER

Hier vergleicht ein Sachverständiger in Taiwan einen Fingerabdruck mit zwei Bildern auf dem Monitor. Der Abdruck, den er auf Papier in der Hand hält, wurde an einem Tatort gefunden. Die beiden Abdrücke auf dem Bildschirm stammen aus Datenbanken mit registrierten Straftätern. Die Analyse der digitalisierten Abdrücke hat größtenteils der Computer durchgeführt. Die endgültige Auswertung jedoch übernimmt immer ein Mensch, der mit Sachverstand seine Schlüsse zieht.

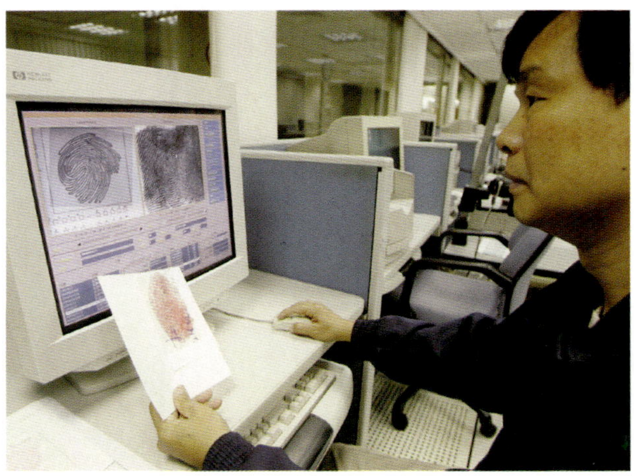

Verräterisches Blut

Früher konnte ein Bauer mit einem verdächtigen Fleck an der Kleidung behaupten, das Blut stamme von einem Tier, und ein Anstreicher konnte sagen, die Spritzer auf seiner Hose seien Farbe – das Gegenteil ließ sich nicht beweisen. Ab Ende des 19. Jahrhunderts gab es chemische Tests, mit denen man Blutflecke als solche identifizieren konnte. Ein nützlicher und noch heute eingesetzter Schnelltest ist der Kastle-Meyer-Test, der aber keine Unterscheidung zwischen Menschen- und Tierblut erlaubt. 1901 entwickelte der deutsche Bakteriologe Paul Uhlenhuth einen Labortest, der Aufschluss darüber gibt, ob das untersuchte Blut von einem Menschen stammt. Inzwischen hat man sehr ausgefeilte Tests, mit denen sich sogar nachweisen lässt, woran eine Person gestorben ist – ob sie zum Beispiel vergiftet wurde oder erstickt ist.

KARL LANDSTEINER
Etwa 1902 wies der österreichische Pathologe Karl Landsteiner (1868–1943) nach, dass es mehrere Blutgruppen gibt. Das erklärte, warum Bluttransfusionen bis dahin oft fehlgeschlagen waren. Seine Erkenntnisse waren auch für die Arbeit der Polizei wichtig. Man wusste nun, dass Blutflecke mit verschiedenen Blutgruppen von unterschiedlichen Personen stammen.

KNOBELEI
Die Zeilen 1–4 enthalten Proben der Hauptblutgruppen A, B, 0 und AB; Zugabe von Reagenzien verrät die Blutgruppe. In der linken Spalte bewirkt z. B. ein Anti-A-Reagens, dass die Gruppen A und AB gerinnen, während B und C flüssig bleiben, weil sie keine A-Antigene enthalten.

JOHN GLAISTER
John Glaister (1892–1971) teilte Blutflecke nach ihrer Form in sechs Typen ein, die auf ihre Entstehung schließen lassen. Diese Einteilung gilt im Wesentlichen noch heute. Glaister war wie sein Vater Professor der Rechtsmedizin, die schon gegen Ende des 19. Jh. als wichtiges Gebiet der Wissenschaft galt.

KASTLE–MEYER-TEST
Der Kastle-Meyer-Test ist ein Schnelltest, den Ermittler am Tatort durchführen können. Ergibt er, dass es sich bei Flüssigkeiten oder Flecken nicht um Blut handelt, sind keine weiteren Tests erforderlich. Ansonsten müssen zusätzliche Untersuchungen im Labor durchgeführt werden, die zeigen, ob das Blut von einem Tier oder einem Menschen ist, zu welcher Blutgruppe es gehört, ob derjenige, von dem es stammt, an einer Krankheit leidet, usw.

1 PROBE NEHMEN
Ein Fleck auf einem Backstein in der Nähe eines Tatorts könnte menschliches Blut sein. Der Ermittler reibt mit der Spitze eines zu einem Viertelkreis gefalteten runden Papiers eine winzige Probe ab.

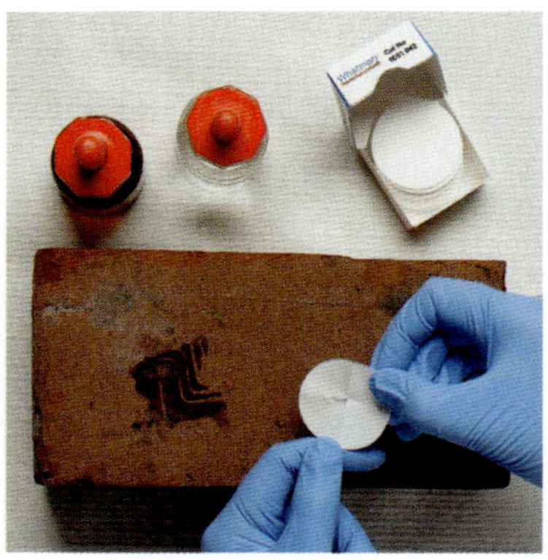

2 PROBE PRÜFEN
Das Papier wird entfaltet: Die Probe ist als Punkt in der Mitte zu erkennen. Der Ermittler trägt Handschuhe, um die Probe vor Verunreinigung und sich selbst vor Krankheitserregern zu schützen.

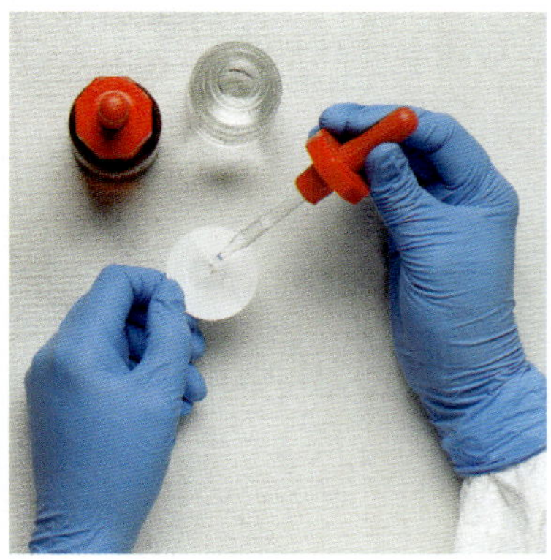

3 PROBE TESTEN
Nun gibt er einige Tropfen Phenolphthalein auf die Probe. Der Test ist so empfindlich, dass nur eine kleine Menge von dem Reagens erforderlich ist.

AUFSCHLUSSREICHE FLECKE
Die Form der Blutflecke an einem Tatort kann wertvolle Informationen über ihre Entstehung liefern, z. B. ob das Blut aus einer Arterie gespritzt oder langsam aus kleineren Blutgefäßen gelaufen ist, ob sich das Opfer dabei bewegte oder ob die Wunde durch einen Schlag, ein Messer oder auf eine andere Weise verursacht wurde. In den 1930er-Jahren teilte John Glaister Blutflecke in sechs Typen ein: Tropfen, Spritzer, Pfützen, Strahlen, Schmierer und Schweife. Weil viele Faktoren ihre Formen beeinflussen, ist die Interpretation nicht einfach.

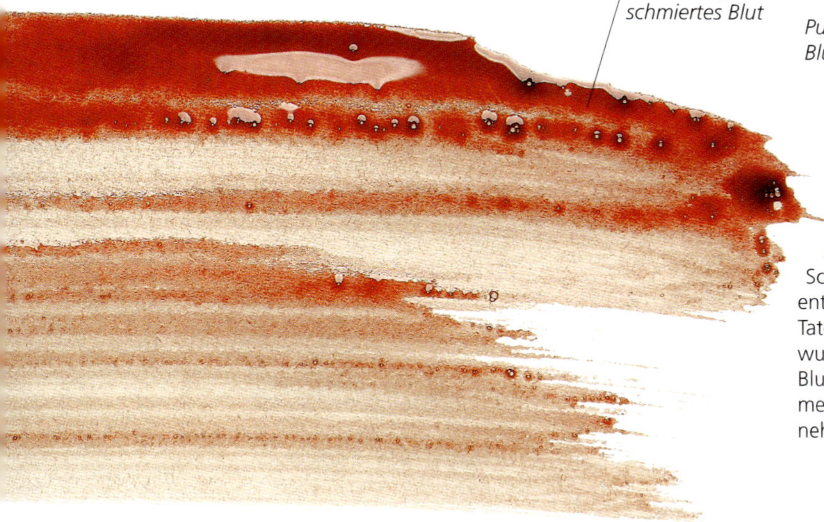

VERSCHMIERT
Blutschmierer (links) entstehen, wenn Blut über eine Fläche verteilt wird, z. B. weil ein Verletzter zu entkommen versucht hat. Schmierer können auch dadurch entstehen, dass das Opfer am Tatort bewegt oder fortgeschafft wurde. In jedem Fall ist relativ viel Blut vorhanden, von dem man mehrere Proben zur Prüfung nehmen kann.

SPRITZER
Ist ein Blutfleck so wie hier von Spritzern umgeben, dann ist das Blut aus größerer Höhe zu Boden gefallen. Anhand des Flecks lässt sich die Fallhöhe schätzen, und daraus wiederum kann man Schlüsse auf die Größe des Opfers oder auf seine Haltung im Moment des Angriffs ziehen.

SCHUHABDRUCK
Wenn bei einer Gewalttat viel Blut vergossen wurde, sind oft blutige Schuhabdrücke des Täters wie der unten gezeigte zu finden. Solch ein Abdruck gibt Hinweise auf Größe und Marke der Schuhe und weist manchmal bestimmte Eigenheiten (wie etwa Abnutzungsspuren) auf, die zum Täter führen können.

WIE EINE TRÄNE
Blutflecke sehen oft wie Tränen aus. Manchmal kommt das dadurch zustande, dass sich ein runder Tropfen verformt, z. B. weil sich das Opfer im Moment der Verwundung bewegt hat. An senkrechten Flächen entsteht diese Form auch durch die Schwerkraft, die das Blut nach unten zieht.

RUNDER FLECK
Wenn ein Blutfleck rund ist, so ist das Blut vermutlich senkrecht aufgetroffen. Trotzdem kann es sein, dass das Opfer sich bewegt hat, wenn auch nur langsam.

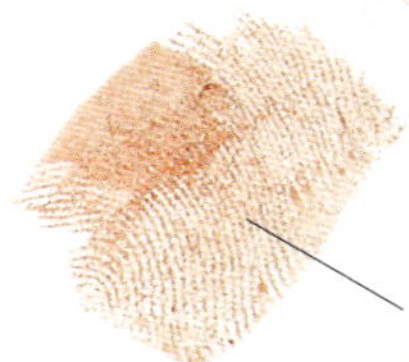

FINGERABDRUCK
Bei einem blutigen Fingerabdruck kann der Abdruck vom Täter und das Blut vom Opfer stammen oder umgekehrt. Handelt es sich nicht um den Fingerabdruck des Opfers, so hat man damit gleich einen Hinweis auf den möglichen Täter.

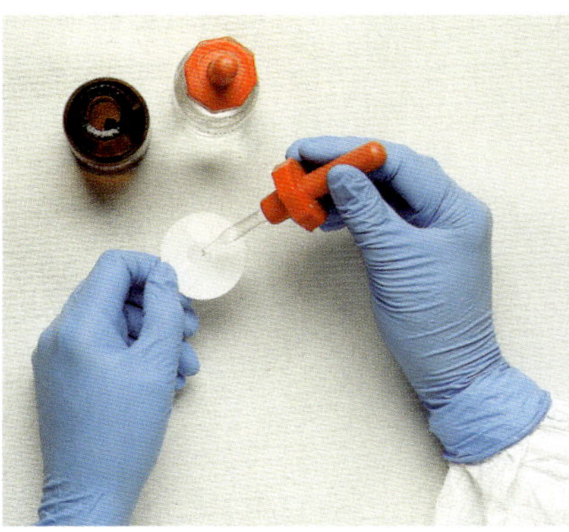

4 ZWEITES REAGENS
Der Wissenschaftler fügt noch ein paar Tropfen Wasserstoffperoxid hinzu, eine Flüssigkeit, die auch als Bleich- oder Desinfektionsmittel verwendet wird. Es bewirkt zusammen mit dem Phenolphthalein selbst bei einer winzigen Menge Blut einen deutlich sichtbaren Effekt.

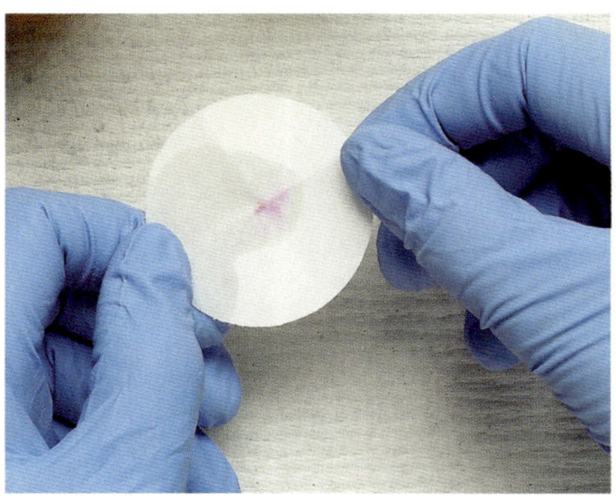

5 BLUT ODER NICHT?
Wo der Fleck mit den Substanzen reagiert, verfärbt sich das Papier. Das bedeutet, dass es sich sehr wahrscheinlich um Blut handelt. Die Probe wird dann weiteren Tests unterzogen, z. B. zur Feststellung der Blutgruppe.

DNA-Untersuchung

Die Möglichkeit der DNA-Analyse hat die Kriminaltechnik revolutioniert. DNA (Desoxyribonukleinsäure) ist die Substanz in jeder menschlichen Zelle, die die Erbinformation trägt. Sie bestimmt das Geschlecht eines Menschen, seine Körpergröße, Haarfarbe, Neigung zu bestimmten Krankheiten und vieles mehr. DNA-Moleküle sind spiralförmige Ketten, die im Zellkern eingeschlossen sind. Nur eineiige Zwillinge, Drillinge usw. haben exakt die gleiche DNA. Ein einziges Haar, ein Blutstropfen oder eine Speichelspur am Tatort können den Täter verraten – sofern seine DNA bereits in einer Datenbank gespeichert ist oder sich bei der Untersuchung einer Probe Übereinstimmung ergibt. Täter tragen oft Handschuhe, um keine Fingerabdrücke zu hinterlassen. Keine DNA-Spuren zurückzulassen, ist dagegen kaum möglich.

Schaber zum Abkratzen von Schleimhautzellen

DIE ERBSUBSTANZ
In den Fläschchen befinden sich DNA-Proben, die analysiert werden sollen. Sie stammen z. B. von Blutflecken am Tatort oder von Verdächtigen, bei denen sie normalerweise aus der Mundschleimhaut an der Wangeninnenseite entnommen werden. Der Test zeigt, ob die Proben vom Tatort von einer oder mehreren Personen stammen und ob einer der Verdächtigen tatsächlich „seine Spuren" dort hinterlassen hat.

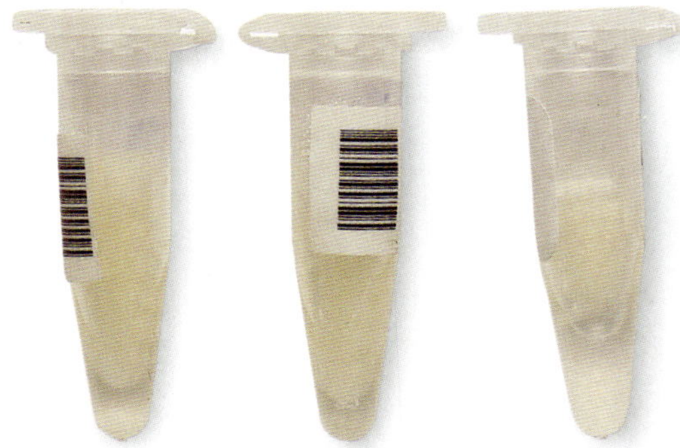

Fläschchen mit Zellen

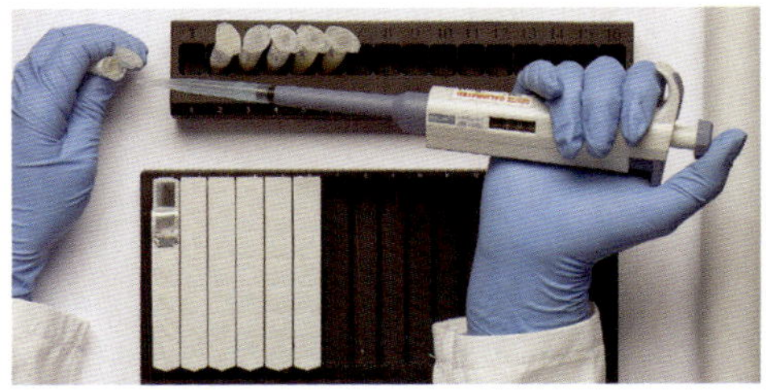

1 DNA ÜBERTRAGEN
Eine Chemikerin gibt etwas vom Inhalt des ersten Fläschchens in die erste Mulde eines mehrteiligen Behälters (sechs Teile sind zu sehen). Sie verwendet dabei eine Pipette mit digitaler Skala, die genau zeigt, wie viel eingefüllt wird. Diesen Vorgang wiederholt sie bei jeder ersten Mulde der sechs Teilbehälter.

DNA-PIONIERE
Jedes lebende Gewebe enthält DNA: Sie ist der chemische Bauplan des Lebens. Francis Crick (1916–2004, ganz rechts) und James Watson (geb. 1928, rechts) entdeckten, dass die DNA wie eine Doppelspirale geformt ist. Jeder ihrer beiden Stränge ist eine Helix (eine wendeltreppenähnliche Struktur) und besteht aus ca. 100 Mio. chemischen Einheiten, den Basen. Nur ein Bruchteil dieser Basen enthält die „Anweisungen" zum Aufbau des Organismus. Der Rest hat keine bekannte Funktion, aber genau er wird für den „genetischen Fingerabdruck" verwendet.

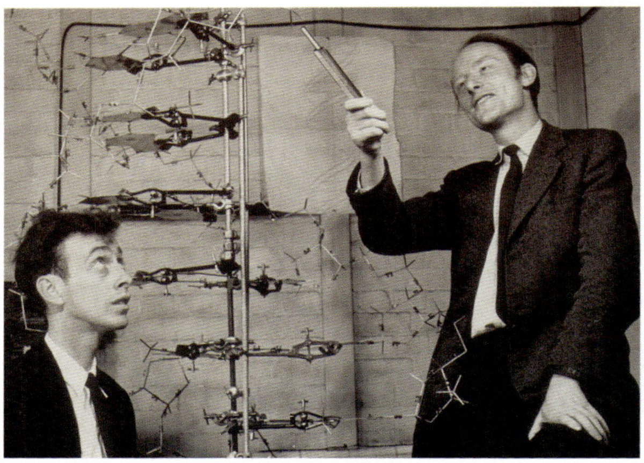

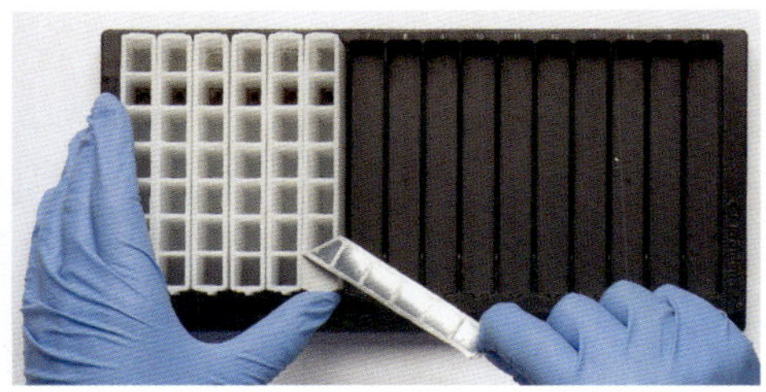

2 REINIGUNG DER DNA
Jede erste Mulde enthält nun eine andere DNA-Probe. Die Wissenschaftlerin zieht die Schutzfolie von den übrigen Mulden ab, die Reagenzien enthalten, sodass der automatisierte Reinigungsprozess beginnen kann.

ALEC JEFFREYS
Der Brite Alec Jeffreys entwickelte 1984 den sogenannten genetischen Fingerabdruck. Er wurde erstmals verwendet, um zwei 1983 und 1986 begangene Morde zu untersuchen. Ein junger Mann hatte gestanden, hatte aber die falsche Blutgruppe. Jeffreys konnte zeigen, dass beide Morde von derselben Person begangen worden waren, allerdings nicht von dem Geständigen. Anhand von DNA-Spuren wurde schließlich ein anderer Mann überführt. So konnte Jeffreys' „Fingerabdruck" gleich beim ersten Einsatz die Unschuld eines Menschen und die Schuld eines anderen beweisen.

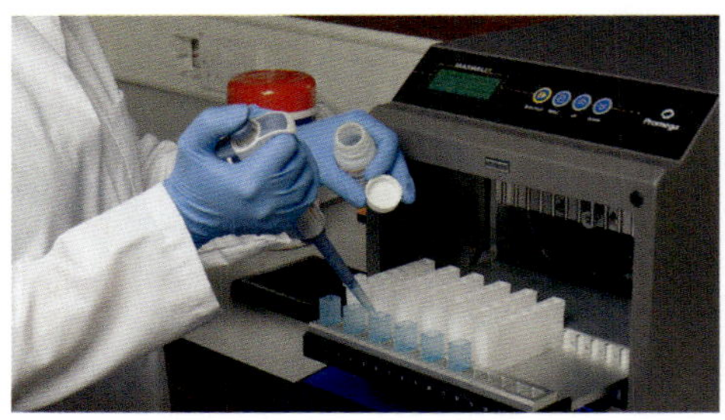

3 REAKTIONEN
Die Wissenschaftlerin gibt weitere Chemikalien (in den blauen Behältern) hinzu. Maschinell wird nun jede DNA-Probe mit den Reagenzien in der jeweils nächsten Mulde gemischt, dann die Produkte dieser Reaktion mit den Reagenzien der jeweils folgenden Mulden usw.

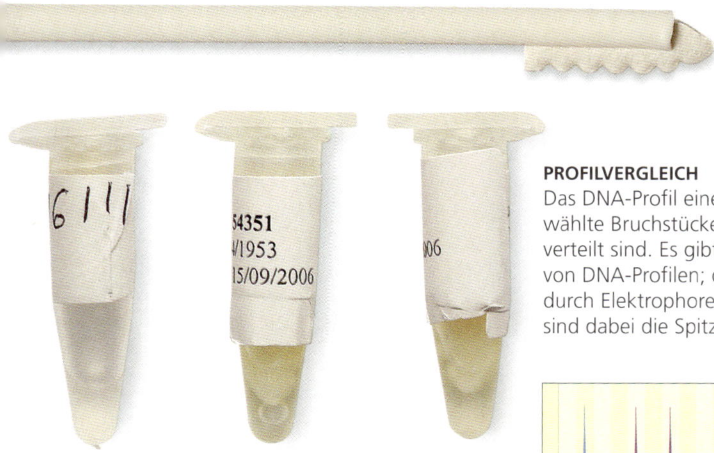

PROFILVERGLEICH
Das DNA-Profil einer Probe ist ein Muster, in dem ausgewählte Bruchstücke der DNA entsprechend ihrer Größe verteilt sind. Es gibt mehrere Methoden zur Erstellung von DNA-Profilen; die gezeigten Diagramme wurden durch Elektrophorese erzeugt. Bei keinen zwei Menschen sind dabei die Spitzen an exakt den gleichen Stellen.

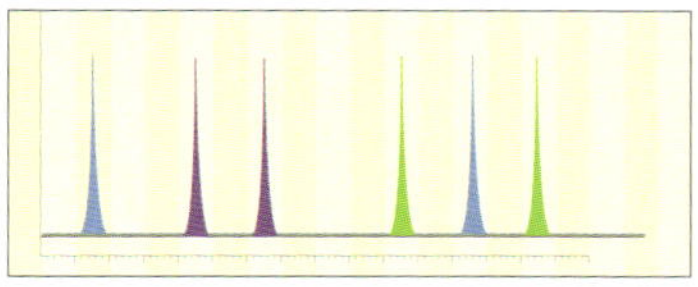

PROBE VOM TATORT
Eine DNA-Probe vom Tatort kann mit Proben von Verdächtigen verglichen werden.

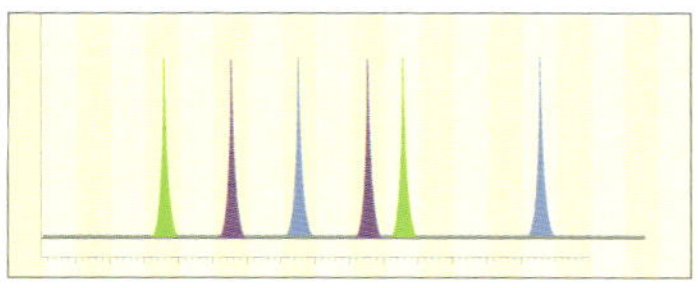

PROBE VOM OPFER
Opfer-DNA vom Tatort darf nicht mit der des Täters verwechselt werden.

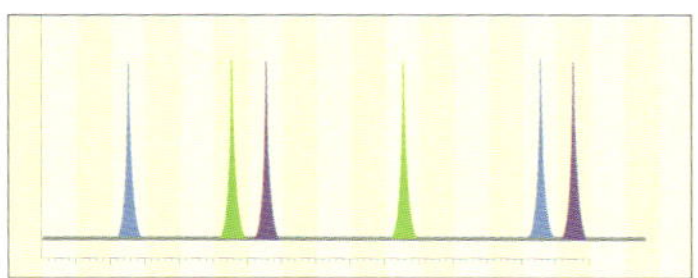

1. VERDÄCHTIGER
Einige Spitzen stimmen überein, andere nicht: Das war nicht der Täter.

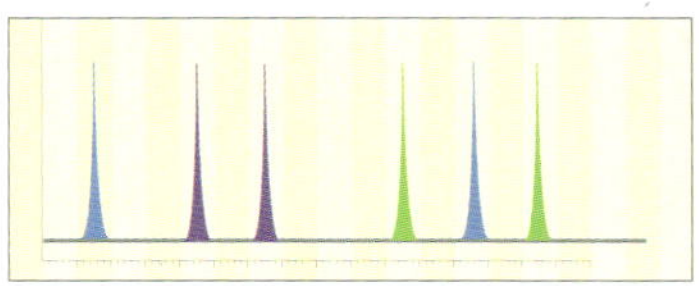

2. VERDÄCHTIGER
Das Muster passt: Dieser Verdächtige war am Tatort.

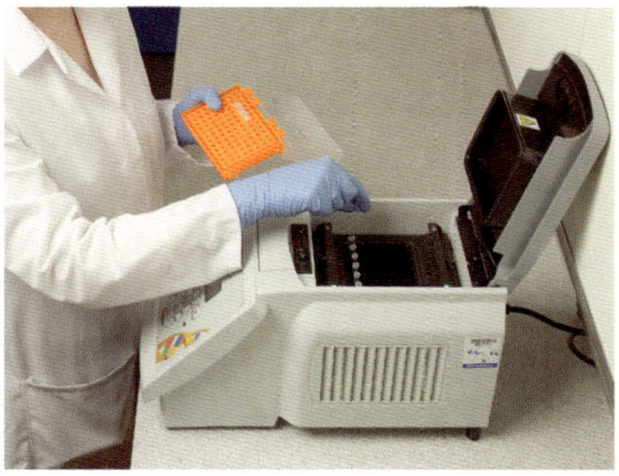

4 VERSTÄRKUNG
Als Nächstes wird die DNA in einem komplexen Prozess „verstärkt“, d. h. die Moleküle werden immer wieder kopiert, sodass sich ihre Anzahl vergrößert. Man nennt diesen Prozess Polymerase-Kettenreaktion, und bei jedem Schritt wird die Anzahl der Moleküle verdoppelt. Nach genügend Schritten ist ein Vielfaches der ursprünglichen DNA vorhanden, wobei jedes Molekül eine exakte Kopie der „Originale“ ist. Nun hat man ausreichend Material für die weitere Analyse.

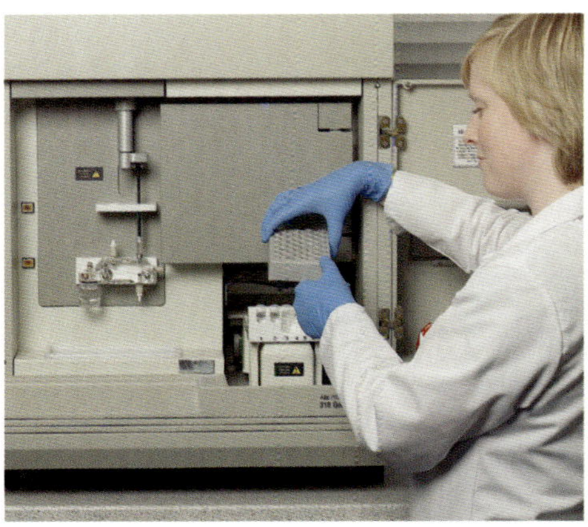

5 DAS PROFIL WIRD ERZEUGT
Die verstärkten DNA-Proben kommen in ein Elektrophoresegerät. Darin zieht ein starkes elektrisches Feld die DNA-Bruchstücke durch ein dünnes Röhrchen (eine Kapillare) und sortiert sie dabei nach Größe. Die Positionen der Bruchstücke in der Kapillare werden elektronisch registriert und in eine grafische Darstellung oder eine Zahlenfolge umgewandelt: das DNA-Profil der Person, von der die Probe stammt.

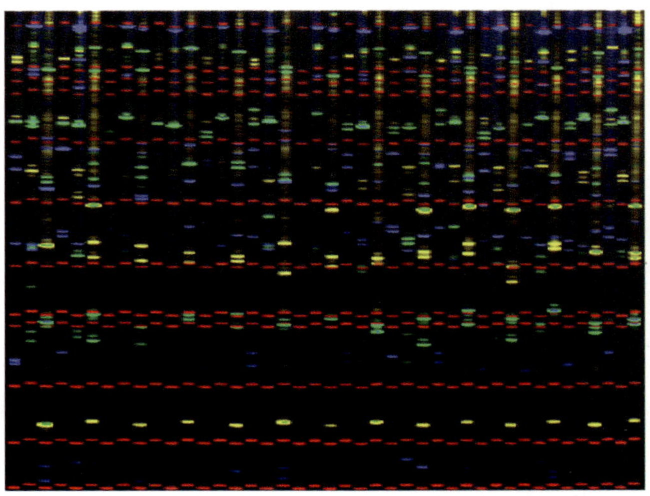

DNA-PROFILE
Hier werden die DNA-Profile mehrerer Personen verglichen. Mittels komplizierter chemischer Prozesse lassen sich selbst winzige DNA-Spuren darstellen. So können die Ermittler gefundene DNA mit bereits vorhandenen Proben vergleichen. In den meisten Ländern gibt es inzwischen DNA-Datenbanken mit den Profilen registrierter Straftäter. Nach einem Verbrechen wird die DNA vom Tatort mit den Profilen in der Datenbank verglichen. Je umfangreicher die Datenbank, desto häufiger finden sich Treffer – oft sogar für Taten, die vor vielen Jahren begangen wurden.

GEFÄHRDETE ARTEN
Die hier gezeigten Papageien, Sittiche und Kolibris leben in Mittel- und Südamerika. Ihr Bestand ist durch den illegalen Handel mit Ländern bedroht, in denen exotische Haustiere beliebt sind. Bei den langen Transporten kommen viele der Tiere elend um. Oft ist eine DNA-Analyse die einzige Möglichkeit, geschmuggelte Vögel und andere Tiere anhand ihrer Überreste zu identifizieren. Mit der Analyse kann man auch die Herkunft eines Tiers nachweisen. Gehört es zu einer geschützten Art, droht dem Schmuggler Gefängnis oder eine hohe Geldstrafe.

BEINAHE-TREFFER
Im Jahr 2003 warfen zwei betrunkene Männer Steine von einer Brücke auf Autos. Einer zerschlug die Scheibe eines Lkws, dessen Fahrer einen Herzanfall erlitt. Auf dem Stein befand sich Blut des Täters, seine DNA war aber in keiner Datenbank registriert. Als man die Suche erweiterte, um auch DNA ähnlicher Beschaffenheit zu erfassen, fand sich ein Mann mit sehr ähnlichem Profil. Sein Bruder erwies sich als der Schuldige.

Spurensuche

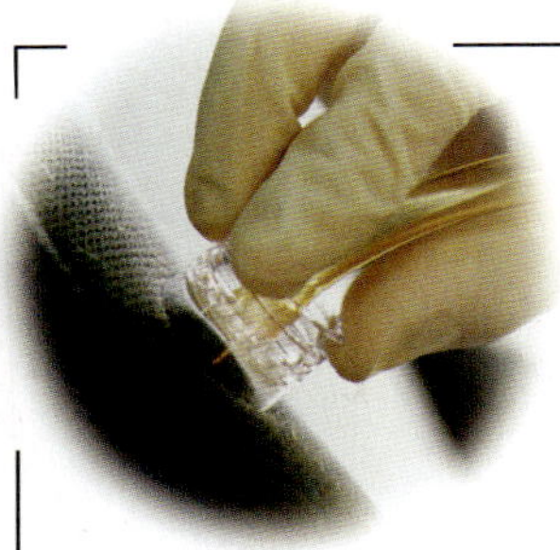

STAUBSAUGER
Ein spezieller Mini-Staubsauger dient den Ermittlern zum Sammeln von Fasern, Staub und anderen Spuren von Möbeln, Teppichen, Vorhängen, Kleidung usw. Mit der sehr kleinen Düse kommt man auch an schwer zugängliche Stellen heran.

Weil nach Edmond Locard „jeder Kontakt eine Spur hinterlässt", untersucht man auch kleinste Spuren, die für das bloße Auge unsichtbar sind. Dabei verwendet man Vergleichsmikroskope, mit denen man zwei Objekte gleichzeitig betrachten kann, oder Rasterelektronenmikroskope, die das Objekt nicht mit Licht-, sondern mit Elektronenstrahlen abtasten (Elektronen sind winzige Bestandteile von Atomen). Im Rasterelektronenmikroskop zeigen zum Beispiel Haare, die für das bloße Auge identisch erscheinen, unterschiedliche Oberflächenstrukturen. Und bei Lackspuren von Autos wird deutlich, dass sie aus unterschiedlich dicken Farbschichten bestehen. Wenn sich die Lackreste im Rasterelektronenmikroskop als identisch mit einer Probe von einem verdächtigen Auto erweisen, stammen beide mit großer Sicherheit von demselben Wagen.

MEHR ALS NUR FARBIG
Ein Kriminaltechniker untersucht eine Lackprobe im Lichtmikroskop und vergleicht sie mit den Proben im Vordergrund. So kann er Ton und Art der Farbe bestimmen, z. B. ob sie glänzend oder matt bzw. öl- oder wasserbasiert ist. Bei der Untersuchung im Rasterelektronenmikroskop offenbaren sich noch viele weitere Details.

Meißel

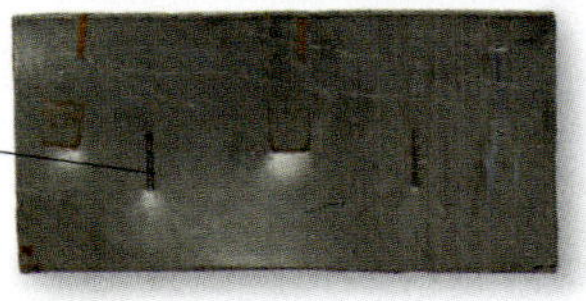

Türschloss

EINBRUCHSSPUREN
Dieses Metallplättchen stammt von einem Türschloss, das bei einem Einbruch mit einem scharfkantigen Werkzeug beschädigt wurde. Die Spuren passen zu einem bei einem Verdächtigen gefundenen Meißel. Das beweist noch nicht, dass er die Tat auch begangen hat, ist für die Polizei aber Anlass, ihn genauer zu überprüfen.

VERGLEICHSMIKROSKOPE
Will man zwei Proben vergleichen, legt man sie nebeneinander, damit Unterschiede und Ähnlichkeiten im Vergleichsmikroskop deutlich werden. Bei dieser Anordnung sind es zwei identische Mikroskope mit Binokularen (Okulare für beide Augen). Zum Vergleich der Proben schaut man abwechselnd durch diese Okulare oder überträgt die Bilder auf einen Monitor, wo sie nebeneinander dargestellt und verglichen werden können.

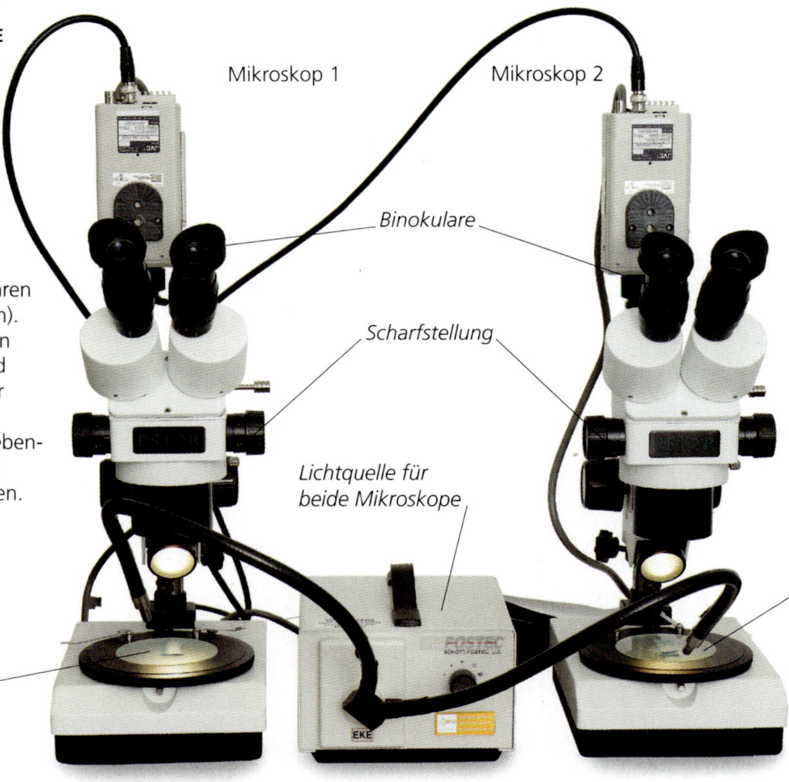

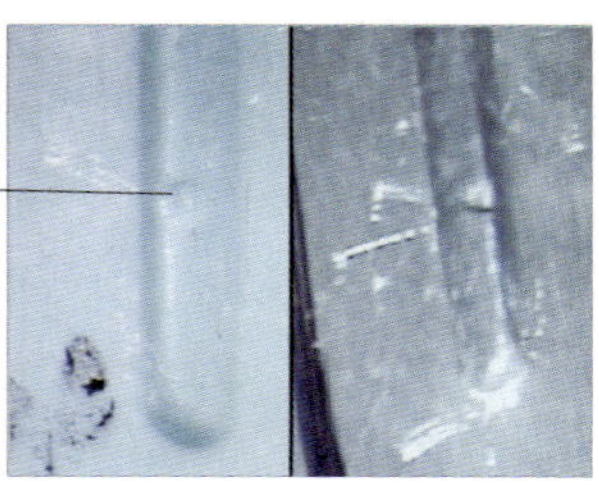

Spur zeigt Kerbe im Meißel.

Vergleichsspur | Spur vom Tatort

SPURENVERGLEICH
Das Bild ganz links zeigt eine Spur vom Meißel eines Verdächtigen, das Bild daneben eine Spur vom Tatort. Der Experte vergleicht erst die allgemeine Form, z. B. das abgerundete untere Ende, und danach Einzelheiten (hier die Kerben auf halber Höhe). Sie ähneln sich zwar, befinden sich aber nicht an der gleichen Stelle. Daraus lässt sich folgern, dass der Meißel des Verdächtigen nicht bei der Tat verwendet wurde.

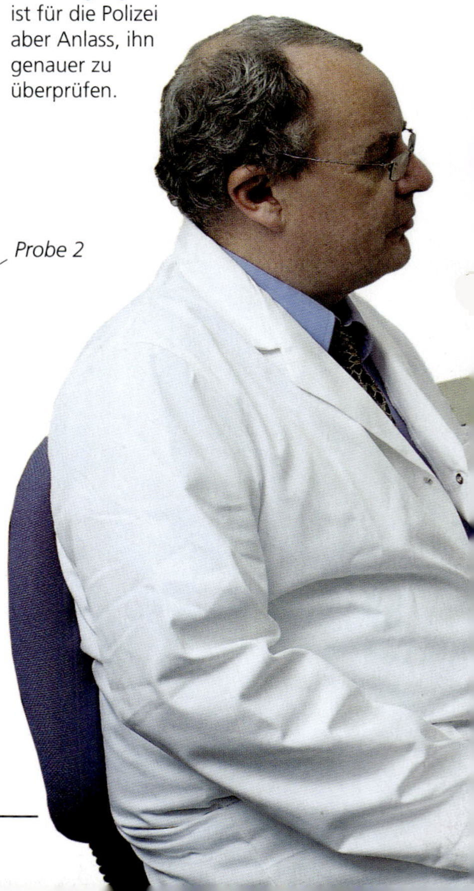

RASTERELEKTRONENMIKROSKOP
Anders als bei Lichtmikroskopen erzeugt beim Rasterelektronenmikroskop (REM) kein Lichtstrahl, sondern ein Elektronenstrahl das Bild. Er liefert eine detailreiche, starke Vergrößerung. Damit ein Objekt im REM untersucht werden kann, muss es elektrischen Strom leiten können (damit die elektrische Ladung des Elektronenstrahls abgeleitet wird). Nicht leitende Objekte werden daher vor der Untersuchung mit Metall beschichtet. Rechts ist ein goldbeschichtetes Haar auf einer Metallscheibe zu sehen, das im REM betrachtet werden soll.

1. Probenhalter aus Metall

Klebestreifen

2. Klebestreifen hält Haar fest.

Goldbeschichtetes Haar

3. Vergoldeter Probenhalter

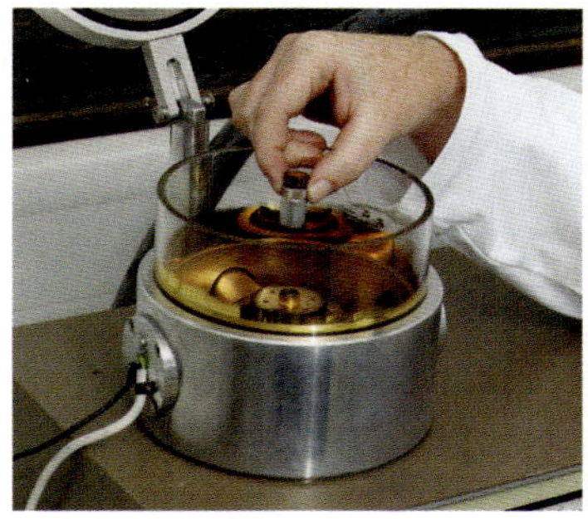

1 VORBEREITUNG
Die Probe wird auf dem Probenhalter in die Kammer des Beschichtungsgeräts gestellt. Vor dem Einschalten der Maschine schließt man den luftdichten Deckel.

2 VERGOLDEN
Die Luft wird aus der Kammer gepumpt und eine Hochspannung angelegt. Durch eine elektrische Entladung wird die Oberfläche der Probe mit Gold beschichtet.

3 UNTER BESCHUSS
Der Probenhalter wird aus dem Beschichtungsgerät genommen und in die Probenkammer des REM gestellt. Dann wird ein Elektronenstrahl darauf gerichtet.

4 EIN BILD ENTSTEHT
Der Elektronenstrahl wird durch starke Elektromagnete auf die Probe fokussiert. Auf dem Bildschirm erscheint das Ergebnis: eine stark vergrößerte Darstellung des Haars.

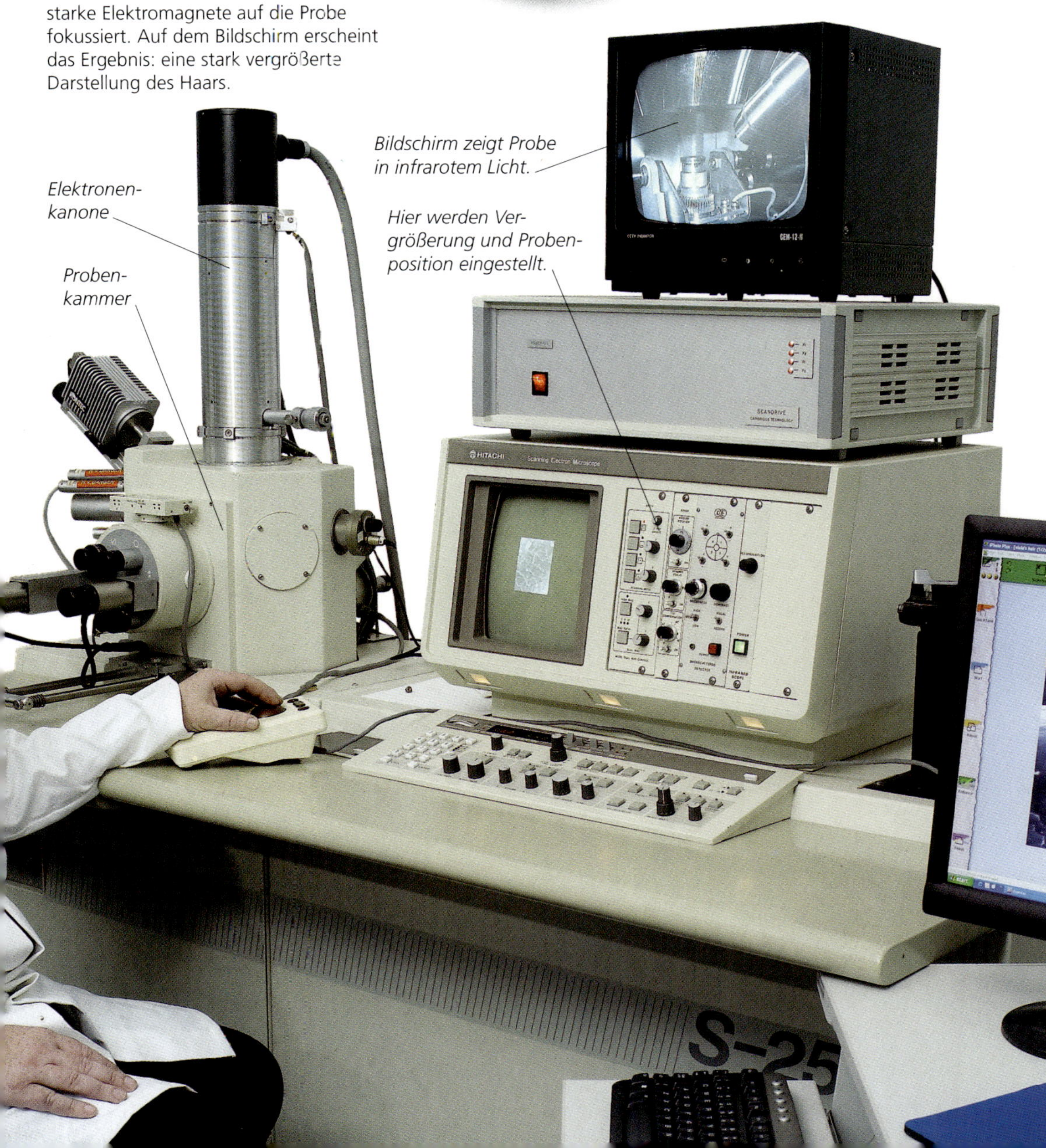

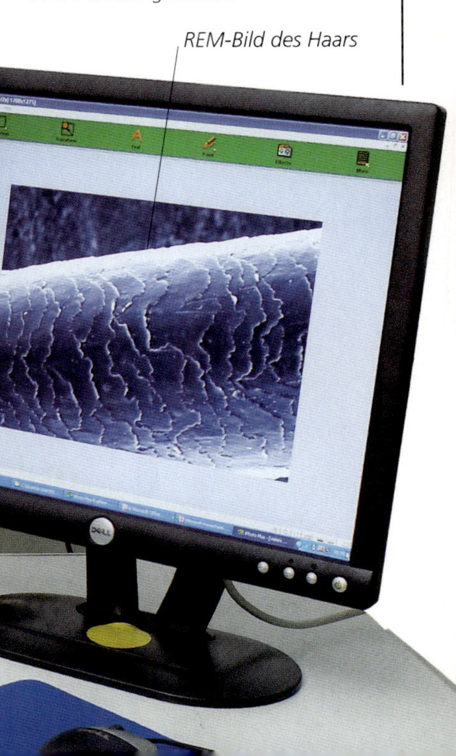

Elektronenkanone

Probenkammer

Bildschirm zeigt Probe in infrarotem Licht.

Hier werden Vergrößerung und Probenposition eingestellt.

REM-Bild des Haars

Natürliche Spuren

Die uns umgebende Luft enthält zahllose winzige Staubteilchen. Im Hausstaub zum Beispiel finden sich Hautschuppen, Stofffasern, feine Haare von Menschen und Tieren sowie winzige Lebewesen, die Staubmilben. Bei Staub im Freien kommen zum Beispiel kleine Sandteilchen und Blütenstaub (Pollen) hinzu. Wie der französische Forensiker Edmond Locard es formulierte, entstehen bei jedem körperlichen Kontakt zwischen zwei Menschen oder auch Menschen und Gegenständen Spuren. Somit gibt es an jedem Tatort – auch an Opfer und Täter – für das bloße Auge unsichtbare Hinweise. Solche Spuren werden im Labor genau untersucht und dann mit vorhandenem Material in Datenbanken verglichen. Auf diese Weise kann man zum Beispiel anhand einiger weniger Fasern vom Tatort den Hersteller eines Teppichs herausfinden – möglicherweise trägt das zur Aufklärung der Tat bei.

TRÄGER
Zur Betrachtung im Mikroskop werden die Proben auf Objektträgern fixiert. Ein Experte erkennt dann z. B., ob ein Haar (oben) von einem Tier oder Menschen stammt und ob eine Textilfaser synthetisch (Mitte) oder natürlich (unten) ist.

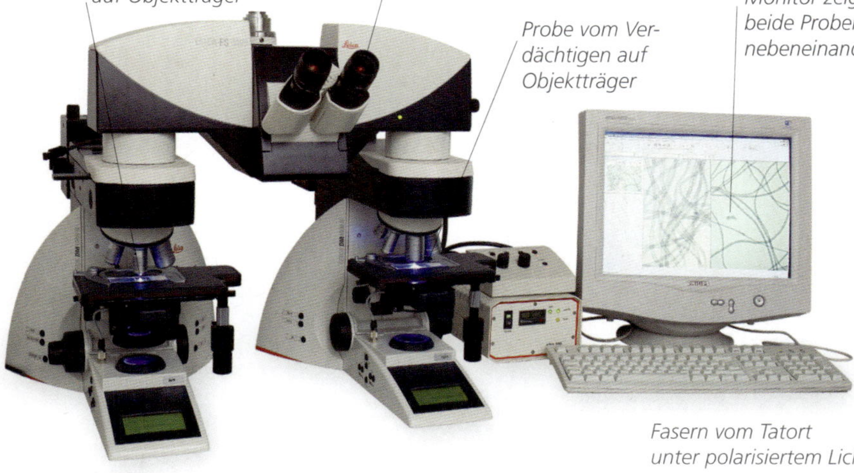

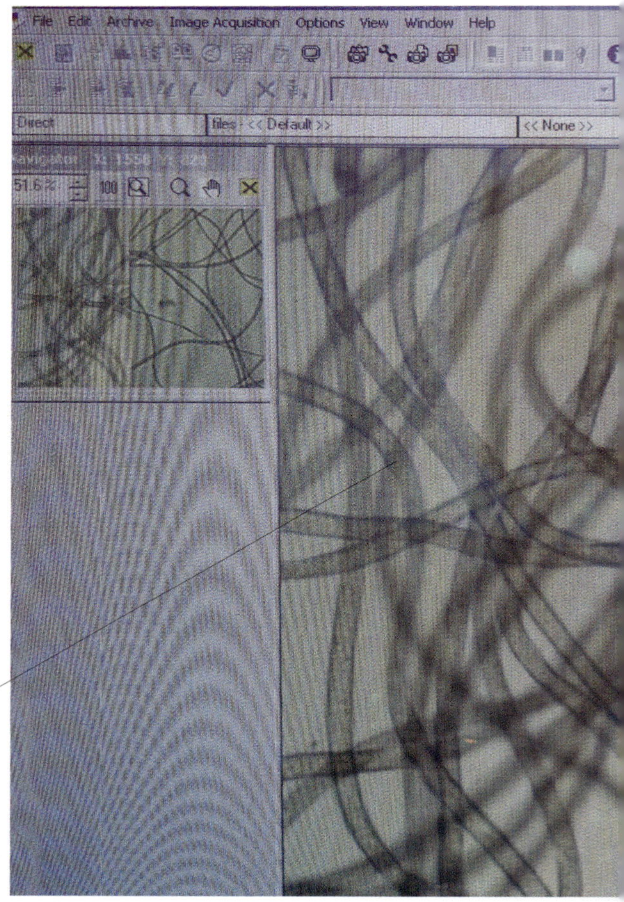

FASERVERGLEICH
In diesem Vergleichsmikroskop aus zwei Mikroskopen werden Proben durch das Binokular oder auf dem Bildschirm verglichen. Das Bild rechts zeigt die stark vergrößerte Bildschirmansicht. Zwei Kunstfaserproben sind zu sehen: Eine stammt vom Tatort, die andere von einem Verdächtigen. Unter polarisiertem Licht können sie detailliert verglichen werden. Sind sie unterschiedlich, so war der Verdächtige nicht am Tatort. Wenn sie jedoch identisch sind, liegt ein Indiz, aber noch kein Beweis vor, dass er dort war.

HAARE IM VISIER
Schon Farbe und Länge von am Tatort gefundenen Haaren liefern wichtige Hinweise, im Rasterelektronenmikroskop kann man jedoch Merkmale untersuchen, die für das bloße Auge unsichtbar sind. Das Haar auf dem oberen Bild ist beschädigt, eventuell durch übermäßigen Gebrauch von Haarpflegemitteln (das engt den Kreis der Verdächtigen bereits ein). Die blauen Flecken auf dem unteren Bild sind getrocknete Shampooteilchen – auch das kann von Bedeutung sein.

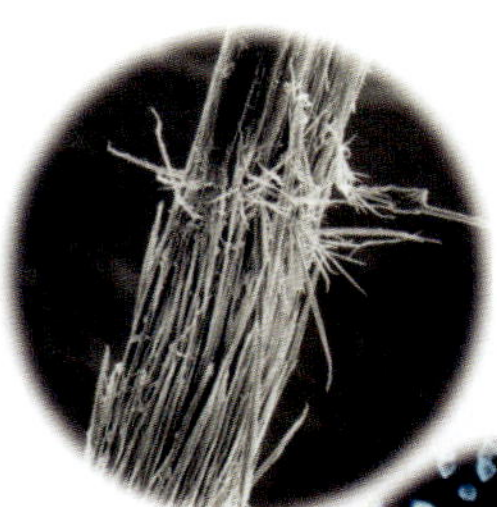

Beschädigter Haarschaft

Shampoopartikel am Haar

BLÜTENSTAUB GANZ GROSS
Im Rasterelektronenmikroskop zeigen Pollenkörner oft schön anzusehende Strukturen. Im Prinzip lassen sie sich eindeutig einer bestimmten Pflanzenart zuordnen. Da es aber sehr viele Pflanzenarten gibt, ist die Zuordnung oft aufwendig. Jede Art von Pollen wird zu einer bestimmten Jahreszeit produziert, daher liefert Blütenstaub auf der Kleidung von Opfer und Verdächtigen Hinweise darauf, wann sie sich wo aufgehalten haben.

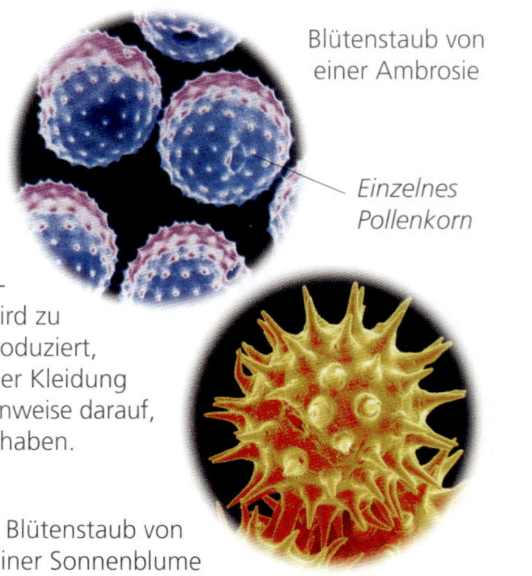

Blütenstaub von einer Ambrosie

Blütenstaub von einer Sonnenblume

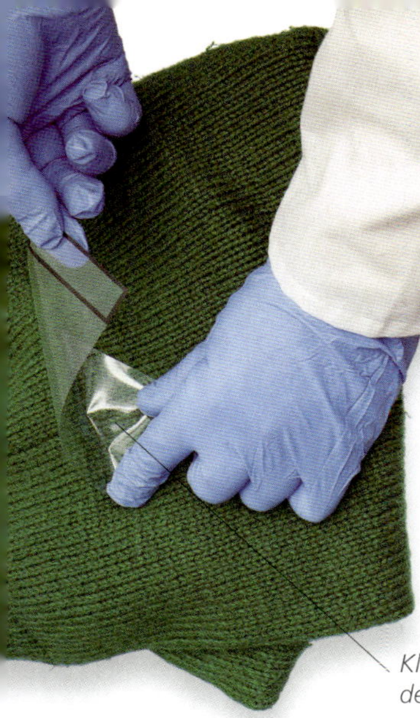

FASERN SAMMELN

Ein Kriminaltechniker drückt Klebeband auf einen Wollpullover und zieht es dann wieder ab. So erhält er Fasern zur Untersuchung. Sie können Aufschluss geben, wo der Träger des Pullovers sich aufgehalten hat und eventuell auch, mit wem er Kontakt hatte. Einzelne Fasern werden mit einer Pinzette z. B. vom Fußboden aufgenommen und wie auch das Klebeband nach der Untersuchung sorgfältig aufbewahrt.

Klebeband wird auf den Pullover gedrückt.

Woll- und andere Fasern haften am Klebeband.

EDMOND LOCARD

Locard (1877–1966) war ein französischer Kriminaltechniker. Mit der Zeit wurde der von ihm geprägte Grundsatz „Jeder Kontakt hinterlässt eine Spur" immer wichtiger, weil wissenschaftliche Fortschritte die Entdeckung und Untersuchung selbst kleinster Spuren ermöglichten. Locard verfasste u. a. ein mehrbändiges Lehrbuch der Kriminalistik.

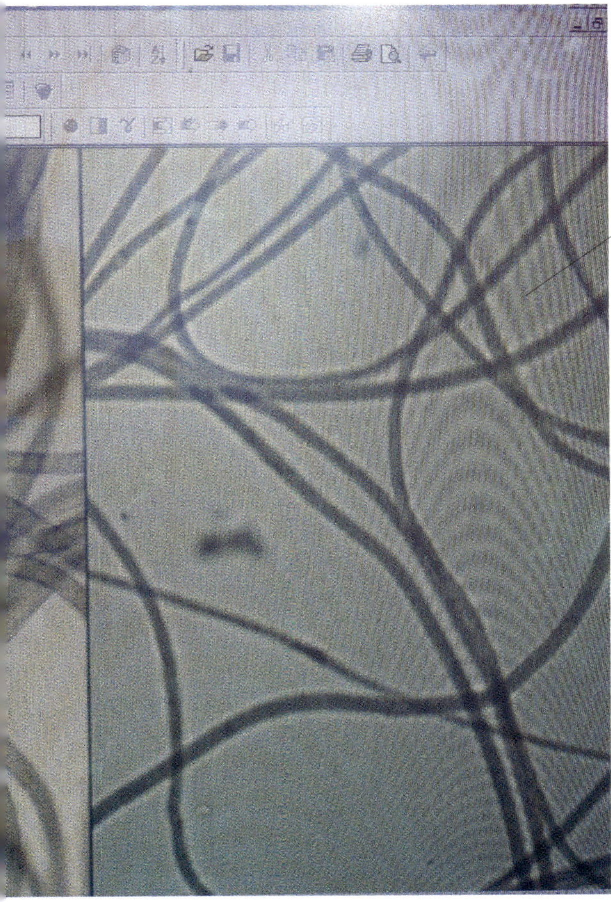

Fasern von einem Verdächtigen unter polarisiertem Licht

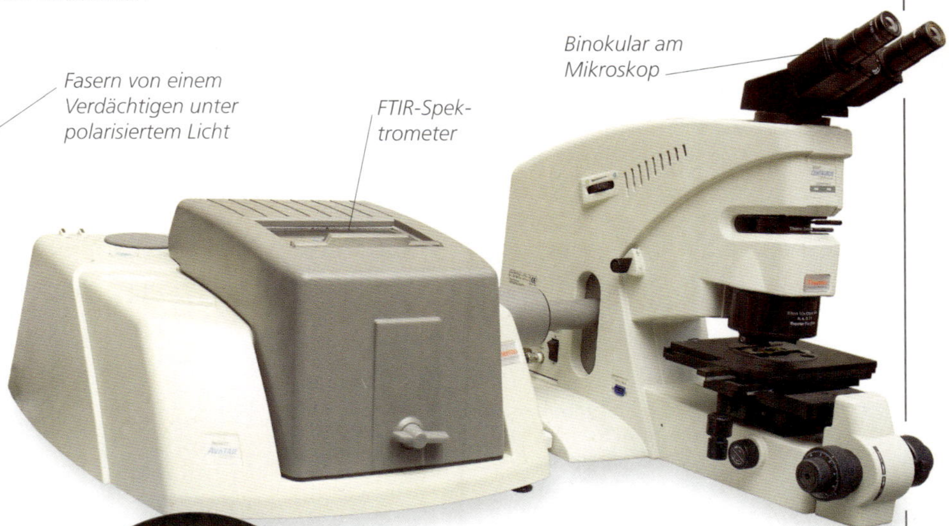

Binokular am Mikroskop

FTIR-Spektrometer

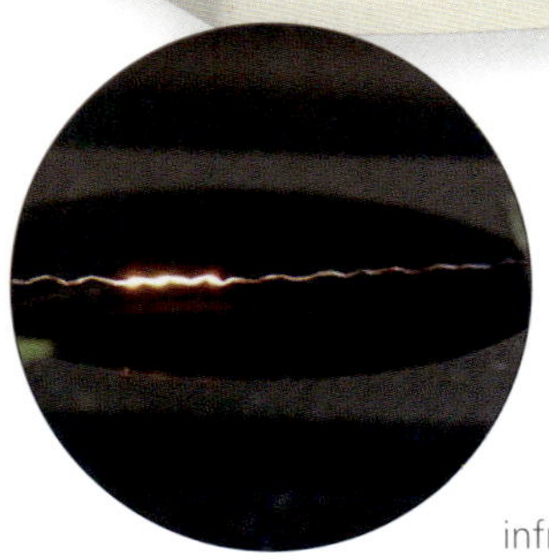

Faserprobe unter sichtbarem und infrarotem Licht

IDENTITÄT EINER FASER

Der Vergleich von Fasern oder anderen Materialien ist eine Möglichkeit, ihre Herkunft festzustellen. Wenn jedoch nur eine Probe vorhanden ist, kann kein Vergleich angestellt werden. Hilfreich ist in solchen Fällen ein Fourier-Transformations-Infrarotspektrometer (FTIR), bei dem sowohl sichtbares als auch unsichtbares Infrarotlicht eingesetzt wird (Infrarotlicht hat größere Wellenlängen als normales Licht). Bei der Untersuchung wird die Faser (links) damit beleuchtet und das reflektierte Infrarotlicht analysiert. Das Ergebnis – eine Grafik – vergleicht man mit Informationen aus Datenbanken, in denen Materialdaten gespeichert sind.

VERRÄTERISCHE SAMEN

Grassamen trugen im Jahr 1942 zur Aufklärung des Mordes an Louise Almodovar bei, die am 1. November im New Yorker Central Park erwürgt wurde. Ihr Ehemann Anibal wurde verdächtigt. Man fand in seinen Taschen und Hosenaufschlägen seltene Grassamen. Ein Botaniker wies nach, dass die Gräser, von denen sie stammten, im New Yorker Stadtgebiet nur im Central Park wuchsen, und zwar genau an der Stelle, an der die Frau getötet worden war. Der Ehemann behauptete, im September dort spazieren gegangen zu sein. Der Botaniker gab zu bedenken, dass die fraglichen Gräser frühestens ab Mitte Oktober Samen bilden, worauf Anibal Almodovar die Tat gestand.

Bleibende Eindrücke

Schuhspuren, Reifenabdrücke sowie Kerben und Kratzer aller Art sind höchst aufschlussreich. Werden an einem Tatort Schuh- oder Reifenspuren gefunden, dokumentiert man sie anhand von Fotos und eventuell Abgüssen. Die Muster von Schuhabdrücken (Rauten, Bogen, Quadrate und Linien auf der Sohle) werden in Datenbanken gespeichert, mit deren Hilfe man die Marke des Schuhs und den Zeitpunkt seiner Markteinführung ermitteln und so herausbekommen kann, wie der betreffende Schuh aussieht. Ähnlich verfährt man bei Reifenspuren: Dabei greift man auf Listen aller Fahrzeugtypen zurück, die mit den entsprechenden Reifen ausgestattet werden können. Die Spuren, die ein Einbrecher beim gewaltsamen Öffnen an Fenstern oder Türen hinterlässt, weisen oft auf bestimmte Werkzeuge hin, lassen sich aber nicht immer eindeutig zuordnen.

BOLZENSCHNEIDER
Jedes bei einem Einbruch verwendete Schneidwerkzeug hinterlässt einen charakteristischen „Fingerabdruck" (ein Spurenmuster). Das linke Teilbild zeigt Schneidspuren am Tatort, das rechte Spuren des Bolzenschneiders eines Verdächtigen – beide Bilder sind mikroskopisch vergrößert. Die Spuren stimmen exakt überein – damit ist bewiesen, dass ein und dasselbe Werkzeug sie verursacht hat.

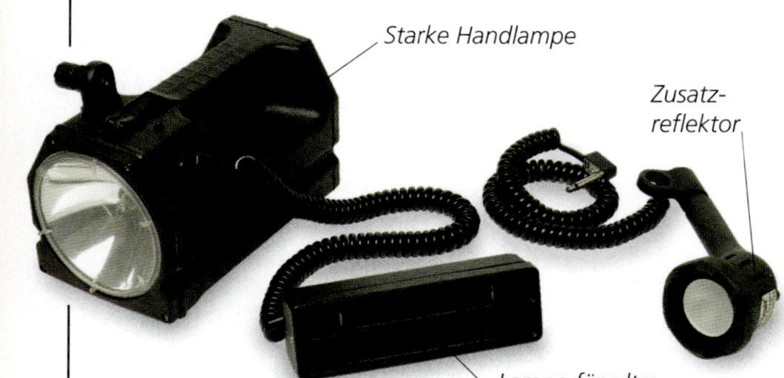

ABDRÜCKE SICHERN
Schuhabdrücke sind oft nur schwach im Staub zu sehen. Hier benutzt ein Kriminaltechniker eine starke Handlampe, um sie besser zu erkennen. Wenn er die Abdrücke nahezu horizontal anleuchtet, sind sie recht gut sichtbar. Manchmal hilft auch ultraviolettes Licht, das bestimmte Stoffe aufleuchten lässt. Um Fußabdrücke im Staub labortechnisch untersuchen zu können, legt man eine metallbeschichtete Plastikfolie darüber und berührt diese mit einer Hochspannungselektrode. Dadurch zieht die Folie den Staub an, und es entsteht ein Abbild, das man mit Spray fixiert.

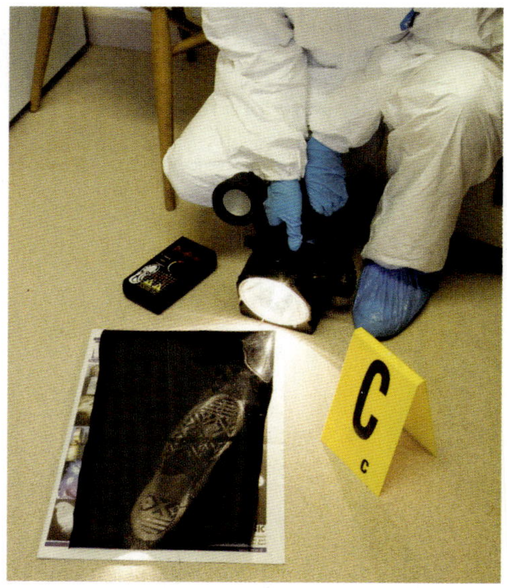

EINBRUCHSWERKZEUG
Einbrecher verwenden oft Brecheisen und Meißel, die verräterische Spuren am Tatort hinterlassen. Wenn der Täter sein Werkzeug zwischendurch nicht gesäubert hat, sind manchmal auch Hinweise auf den letzten „Einsatz" des betreffenden Werkzeugs darunter, wie etwa Farbspuren.

REIFENSPUREN
Reifenspuren sind wertvolle Hinweise, daher müssen sie dauerhaft dokumentiert werden. Man fotografiert sie oder fertigt, wie bei Schuhabdrücken (siehe S. 29), einen Abguss an, z. B. aus Latex (Gummi). Den Abguss vergleicht man dann mit Reifenprofilen in einer Datenbank, um den Fahrzeugtyp sowie Zeit und Ort der Herstellung herauszufinden. Meist sind charakteristische Abnutzungsspuren zu erkennen, die bei der Suche nach dem Auto, von dem die Spur stammt, nützlich sein können.

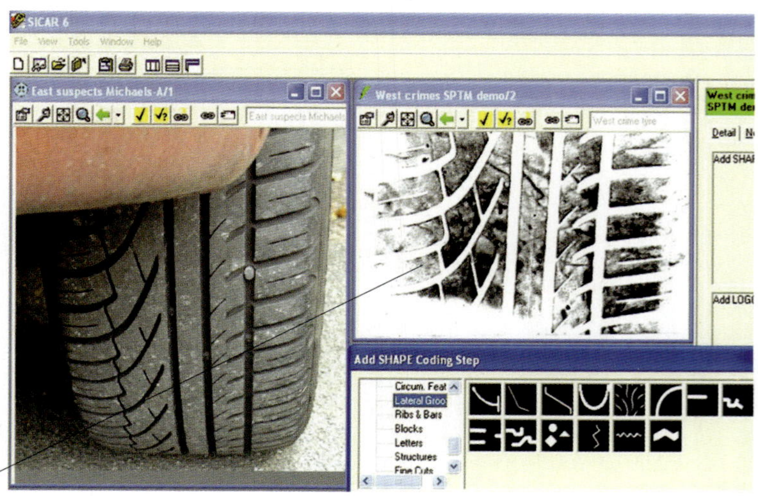

Reifenprofil aus der Datenbank wird mit Spur vom Tatort verglichen.

Rahmen um die Flüssigkeit

Kunstharz bildet den Abdruck ab.

NEGATIV UND POSITIV
Schuhabdrücke am Tatort sind wichtig, aber vergänglich. Damit sie als Beweismittel vor Gericht taugen, müssen Abgüsse gemacht werden. Man gießt den Abdruck mit flüssigem Kunstharz aus, wobei ein Rahmen die Flüssigkeit zusammenhält. Nach einiger Zeit ist sie zu einer Art Gummimatte erstarrt. Das so gewonnene Muster ist ein Negativ des Schuhabdrucks, d. h., die Vertiefungen erscheinen als Erhöhungen und umgekehrt. Als Nächstes fertigt man daher von dem Abguss einen zweiten an, diesmal ein Positiv.

ABGUSS VOM ABGUSS
Nun wird von dem Kunstharz-Schuhabguss ein neuerlicher Abguss gemacht, diesmal mit Gips. Er ist ein Positiv, entspricht also exakt dem Originalabdruck. Bei dem hier gezeigten Gipsabguss ist das Sohlenprofil deutlich zu erkennen. Weil es sich um ein weitverbreitetes Profil handelt, prüft man, ob Abnutzungsspuren vorhanden sind.

VERMESSEN
Mit einem Lineal oder Maßband vermisst ein Kriminaltechniker die Schuhsohle eines Verdächtigen sowie einen Schuhabdruck vom Tatort. Anhand der erhaltenen Maße lassen sich Schuhabdrücke ähnlich wie Fingerabdrücke in Datenbanken speichern.

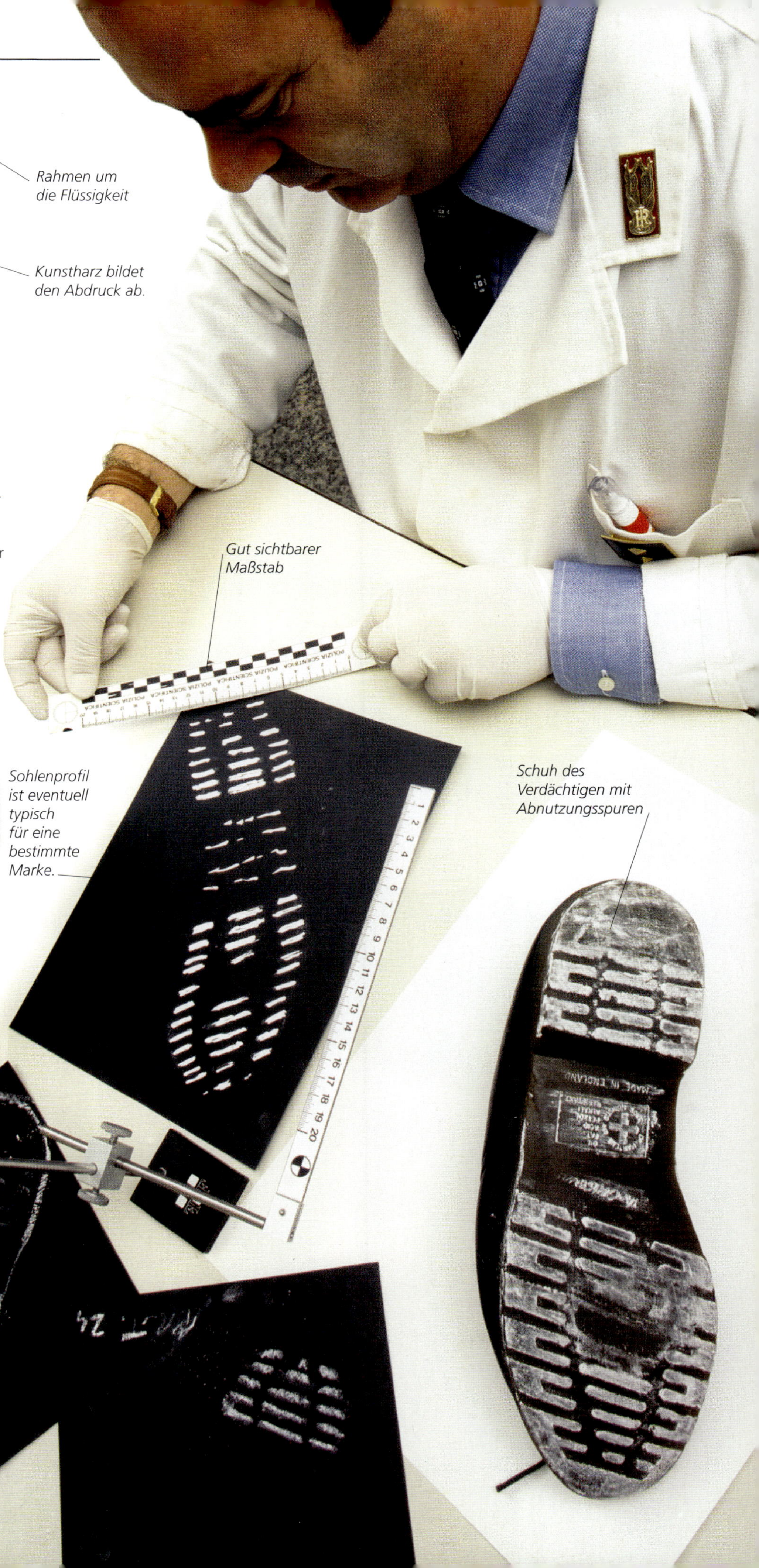

Gut sichtbarer Maßstab

Sohlenprofil ist eventuell typisch für eine bestimmte Marke.

Schuh des Verdächtigen mit Abnutzungsspuren

Umriss hilft beim Ermitteln der Schuhgröße.

Schusswaffen und Munition

OPERATION DREIZACK
1998 initiierte die Londoner Polizei die „Operation Trident“: Wer seine illegalen Schuss- und anderen Waffen freiwillig zur Polizei trug, ging straffrei aus. Hier ist der Leiter der Initiative mit Waffen zu sehen, von denen einige bei Gewalttaten verwendet wurden.

Wenn die Polizei an einem Tatort eintrifft, an dem Schüsse gefallen sind, werden als Erstes die dort eventuell vorhandenen Waffen und Patronen gesichert. Erst danach beginnt die kriminaltechnische Untersuchung. Die Ermittler halten fest, wo genau die Waffen und Patronen lagen. Sie suchen nach Geschossen, denn diese weisen Spuren auf, die sozusagen „Fingerabdrücke“ der Waffen sind, aus denen sie abgefeuert wurden. Außerdem versuchen sie herauszufinden, von wo aus geschossen wurde und welche Flugbahn die Kugeln genommen haben. Manchmal finden sich auch sogenannte Schmauchspuren, das heißt Rückstände, die beim Abfeuern einer Schusswaffe entstehen.

BÜCHSE
Eine Büchse ist eine Schusswaffe mit langem Lauf (ein Gewehr) und hat meist ein Magazin für mehrere Patronen. Innen im Lauf sind spiralförmige Rillen, die Züge. Sie versetzen die Kugel in Drehung und hinterlassen dabei an ihr charakteristische Spuren. Der Drall stabilisiert die Kugel auf ihrer Flugbahn. Beim Abfeuern der Büchse stützt der Schütze den Kolben mit der Schulter ab. Mit einem Zielfernrohr ausgestattet, ist die Büchse eine Präzisionswaffe.

PISTOLE
Die Beretta 92FS ist seit 1985 die offizielle Pistole des US-Militärs. Pistolen werden häufig als „automatisch“ bezeichnet, obwohl sie eigentlich halbautomatisch sind: Das Betätigen des Abzugs löst den Schuss aus und wirft die Patronenhülse aus. Der obere Teil der Pistole (Schlitten) gleitet beim Schuss nach hinten, eine Feder drückt ihn wieder nach vorn und schiebt die folgende Patrone in die Kammer. Mit vollautomatischen Waffen kann man kontinuierlich feuern, während der Abzug gedrückt bleibt. Sie sind für Militär und Polizei gedacht, werden aber auch von Straftätern verwendet.

TOD IN DALLAS

Am 22. November 1963 wurde der damalige amerikanische Präsident John F. Kennedy erschossen. Er fuhr in einem offenen Auto durch Dallas, als der ehemalige Soldat Lee Harvey Oswald aus einem Fenster im sechsten Stock mehrere Schüsse abgab. Oswald wurde später selbst ermordet. Bis heute kursieren Verschwörungstheorien zu den Vorfällen.

Die Autokolonne kurz vor den Schüssen

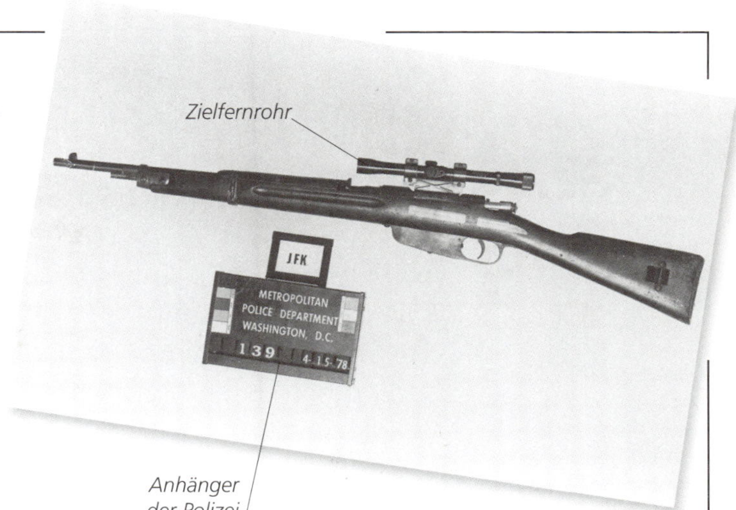

Zielfernrohr

Anhänger der Polizei

Lee Harvey Oswalds italienisches Gewehr

Zwillingsläufe ermöglichen eine schnelle Schussfolge.

SCHROTFLINTE

Schrotflinten sind Schusswaffen mit langem Lauf (Gewehre). Statt einer einzigen Kugel werden viele kleine Kugeln (Schrot genannt) aus einer großen Patrone abgefeuert. Im Unterschied zur Büchse ist der Lauf innen glatt. Schrotflinten sind keine Präzisionswaffen, die breite Streuung der Kugeln ermöglicht es jedoch, ein Ziel in der Nähe zu treffen. Straftäter führen oft Schrotflinten mit, um sie als Drohmittel einzusetzen. Wenn der Lauf abgesägt ist, passt die Waffe gut in eine Tasche.

Lauf

Plastikgehäuse

Metallhülse

Schrotkugeln

EXPLOSIV

In allen Schusswaffen treibt eine Explosion die Kugel (bei Schrotflinten den Schrot) aus dem Lauf. Bei Büchsen befindet sich je eine Kugel zusammen mit Schießpulver in der Patrone, bei Schrotflinten sind es viele kleine Kugeln. Betätigt man den Abzug, schlägt der Schlagbolzen hinten auf die Patrone und das Schießpulver explodiert. Diese Explosion treibt die Kugel oder den Schrot mit großer Geschwindigkeit aus der Waffe.

GEWEHRPATRONE

Gewehrpatronen sind länger und schmaler als Pistolenpatronen. Die Hülse ist mit Schießpulver gefüllt und die spitze Kugel sitzt vorn. Sie besteht aus Blei und ist meist mit einem harten Metall ummantelt.

SCHROTPATRONE

Eine Schrotpatrone enthält viele kleine Kügelchen, den sogenannten Schrot. Sie folgen beim Schuss keiner einheitlichen Bahn, sondern werden breit gestreut. Auch ungeübte Schützen können damit relativ leicht ein Ziel in der Nähe treffen. Die Größe des Schrots wird anhand einer Zahl angegeben – je größer die Zahl, desto kleiner die Kugeln.

PLATZPATRONE

Platzpatronen sind nicht gefährlich, man kann sie aber so manipulieren, dass sie tödlich sind. Oft werden bei Straftaten leicht erhältliche Schreckschusswaffen mit Platzpatronen verwendet.

MANIPULIERT

Die erste Kugel rechts wurde so verändert, dass sie bei einem Treffer größeren Schaden anrichtet. Man hat die Spitze des harten Mantelmaterials entfernt, sodass die Kugel sich beim Auftreffen stark verformt („Dumdum-Geschoss"). Ist das Ziel ein Mensch, schlägt solch eine Kugel besonders große Wunden an der Eintrittsstelle oder im Körperinnern.

PISTOLENPATRONE

Pistolenpatronen unterscheiden sich von Gewehrpatronen: Sie sind kürzer und im Verhältnis zur Länge dicker. Die leere Patrone wird beim Schuss durch die Kraft der Explosion ausgeworfen. Zugleich schiebt sich die jeweils nächste Patrone in die Kammer … bis das Magazin leer ist.

Manipulierte Kugel

Normale Kugel

Platzpatrone

Gewehrpatrone

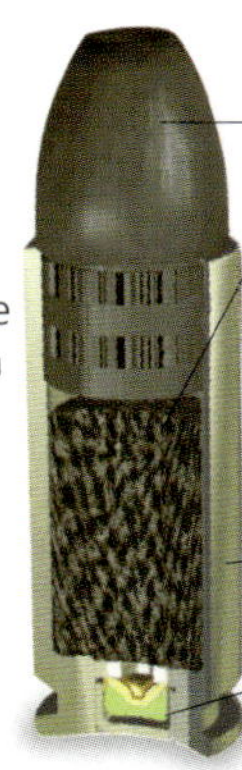

Bleikugel

Explodierendes Schießpulver treibt die Kugel aus.

Patronenhülse

Zünder entzündet Schießpulver.

Pistolenpatrone

Schusswaffen im Labor

Forensische Ballistiker befassen sich mit der Flugrichtung und der Wirkung von Geschossen. Als Innenballistik werden die Vorgänge im Lauf einer Waffe bezeichnet, als Zielballistik die Vorgänge beim Auftreffen der Kugel. Die analytische Chemie spielt bei der Arbeit der Ballistiker eine besondere Rolle. Sie forschen unter anderem nach Schmauchelementen wie Blei, Barium und Antimon. Sind solche Schmauchspuren vorhanden, werden sie chemisch und optisch untersucht, zum Beispiel mit einem Rasterelektronenmikroskop. Mit Letzterem kann man auch Spuren an der Kugel betrachten und die Munition dann einem bestimmten Waffentyp zuordnen.

KUGELN UND PATRONEN
Hier sind eine Gewehrpatrone und zwei kleinere Pistolenpatronen zu sehen: Die Kugeln aus Blei (oben) wurden von den Patronen getrennt.

FEUER FREI!
Im ballistischen Labor werden Gewehre zu Testzwecken abgefeuert. Dabei handelt es sich um Waffen, die am Tatort oder bei einem Verdächtigen gefunden wurden. Nach dem Test werden die Spuren untersucht, die das Gewehr auf Kugel und Patrone hinterlassen hat. Sind sie mit jenen auf Kugeln bzw. Patronen vom Tatort identisch, erhärtet sich der Verdacht gegen den mutmaßlichen Täter. Man testet aber auch neu entwickelte Waffen, um herauszufinden, welche Spuren sie an der Munition verursachen, sodass man Vergleichsdaten hat, sollten die neuen Waffen bei Straftaten verwendet werden.

1 SCHUSS!
Ein Kriminaltechniker feuert ein Gewehr in ein sogenanntes Schussbad ab (einen mit Wasser gefüllten Spezialbehälter). Gehörschutz, Helm und eine Gesichtsmaske sollen verhindern, dass er sich dabei Verletzungen zuzieht. Die abgefeuerte Kugel wird durch das Wasser gebremst.

2 UNTERSUCHUNG
Nun werden die Kugeln aus dem Wasser geholt und untersucht. Man betrachtet im Mikroskop die von der Waffe erzeugten Spuren, fotografiert sie und speichert sie in einer Datenbank.

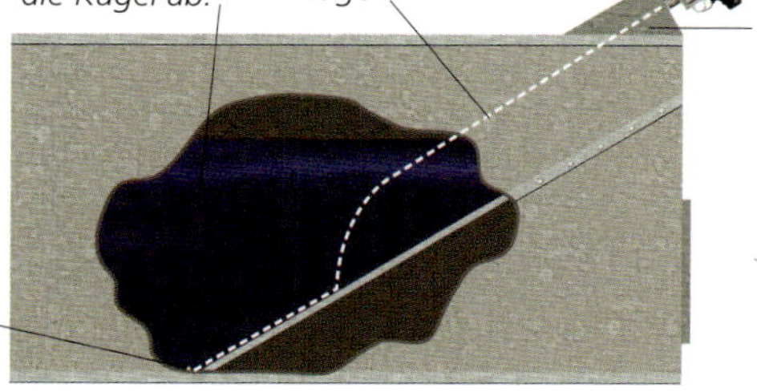

SCHUSSBAD
Den Weg einer Kugel aus einer Schusswaffe testet man im Schussbad. Kugeln bestehen aus schwerem Metall (meist Blei) und werden in der Luft kaum gebremst, im Wasser dagegen schon nach einer sehr kurzen Strecke.

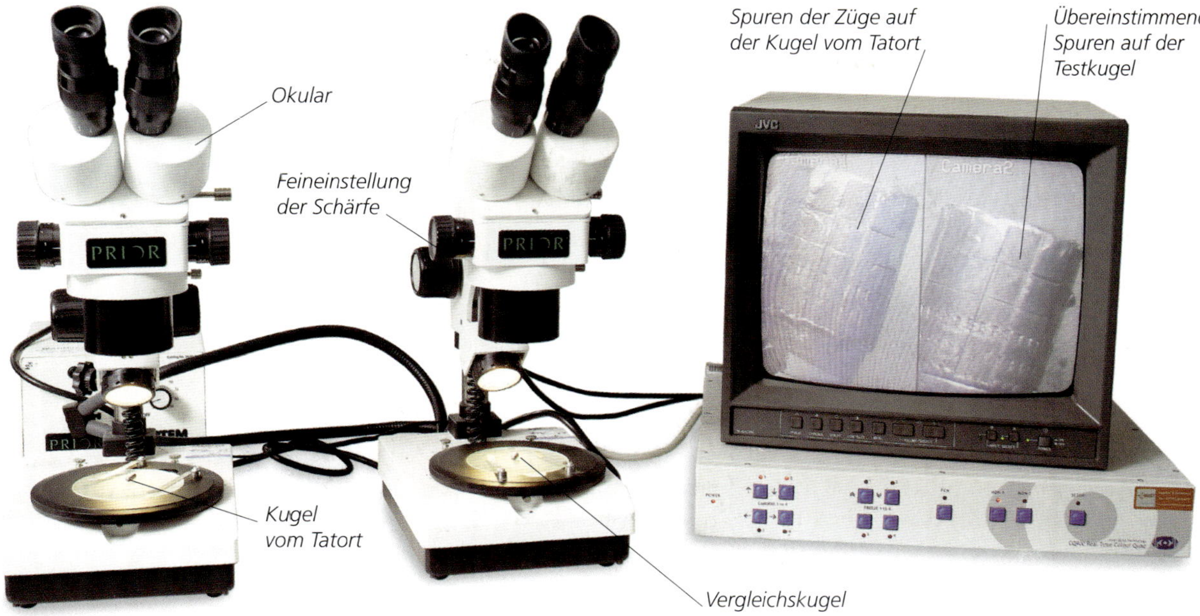

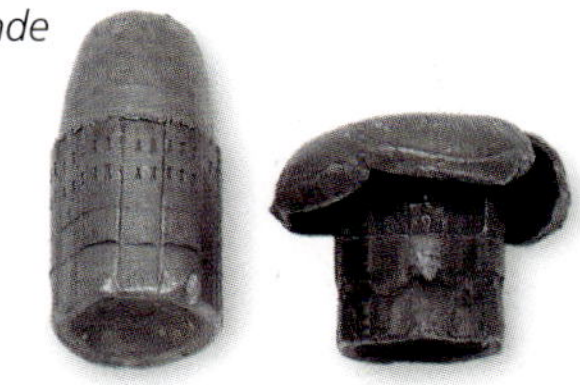

HEFTIGER AUFPRALL
Wenn die Kugel auf ein hartes Ziel trifft, wird sie stark deformiert (oben rechts), sogar bei Holz. Bei einer ins Wasser abgeschossenen Testkugel (oben links) ist das kaum der Fall. Dennoch können die beim Abfeuern entstandenen Riefen an beiden Kugeln verglichen werden, und auch bei verformten Kugeln lässt sich ermitteln, aus welcher Waffe und aus welchem Abstand sie abgefeuert wurden.

CHARAKTERISTISCHE MERKMALE
Hier wird eine Kugel vom Tatort im Vergleichsmikroskop bei starker Vergrößerung mit einer anderen verglichen, die im Labor aus der Waffe eines Verdächtigen abgefeuert wurde. Man betrachtet dabei diverse Merkmale: Schon das Laden hinterlässt Spuren am hinteren Ende der Patrone, weitere Spuren verursacht der Schlagbolzen beim Auslösen, und die Züge im Lauf erzeugen schließlich charakteristische Riefen an der Kugel. Wenn sich herausstellt, dass die fragliche Waffe bei der Tat verwendet wurde, beweist das noch nicht, dass ihr Besitzer auch der Täter ist. Um dies festzustellen, müssen z. B. eventuelle Schmauchspuren auf seiner Haut untersucht werden.

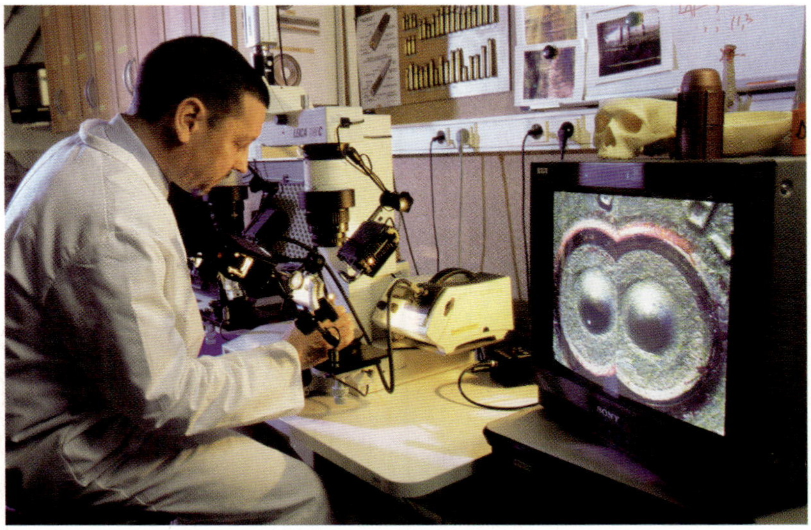

HÜLSEN IM MIKROSKOP
Zwei Patronen (eine vom Tatort, die andere von einem Testschuss im Labor) werden im Vergleichsmikroskop untersucht. Man sieht hier die Unterseiten der Patronen und die Zündhütchen, auf die der Schlagbolzen trifft und die dadurch charakteristische Spuren tragen. Bei starker Vergrößerung kann der Experte Ähnlichkeiten und Unterschiede erkennen und somit feststellen, ob beide Patronen aus derselben Waffe stammen.

PATRONENFUND
Ein Spurensicherer gibt eine am Tatort gefundene Patrone in einen Beweismittelbeutel, nachdem er die Fundstelle markiert und fotografiert hat. Aus den meisten Schusswaffen werden die Patronen automatisch ausgeworfen, und der Täter hat selten Zeit, sie vor der Flucht aufzusammeln.

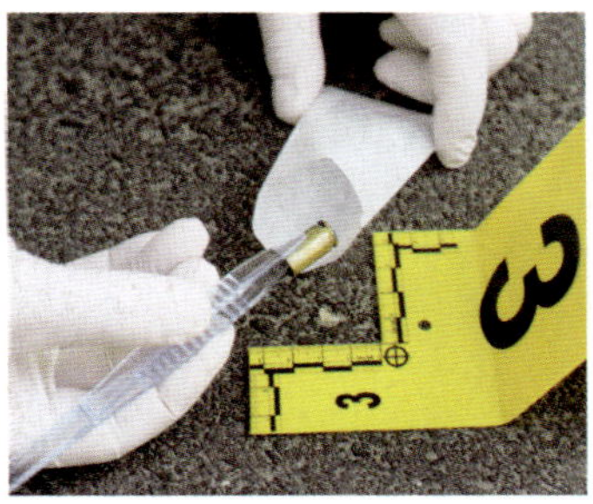

Vanzetti Sacco

ÜBERFÜHRT?
1920 wurden in Massachusetts zwei Männer erschossen und 16 000 Dollar Lohngelder geraubt. Man verdächtigte Nicola Sacco und Bartolomeo Vanzetti, Angehörige der anarchistischen Arbeiterbewegung, der Tat. Ein Ballistiker fand heraus, dass eine der tödlichen Kugeln möglicherweise aus Saccos Revolver stammte. Die Beweislage war aber nicht eindeutig. In einem spektakulären Prozess wurden die beiden Männer 1927 zum Tode verurteilt, 1977 wurden sie offiziell rehabiliert.

FLUGBAHN
Hier wird die Flugbahn einer Kugel, die das abgebildete Auto traf, mit einem Stab rekonstruiert. Manchmal verwendet man dazu auch Laserstrahlen oder Schnüre. Ist das Einschlagsloch tief genug, steckt man den Stab hinein, der dann die Flugrichtung anzeigt. Besonders wichtig ist die Rekonstruktion der Flugbahn, wenn mehrere Schüsse aus verschiedenen Richtungen kamen.

Vermisstensuche

Nicht jede polizeiliche Untersuchung beginnt an einem Tatort, am Anfang kann auch eine Vermisstenmeldung stehen. Die Polizei muss dann entscheiden, ob sie sofort eine Suchaktion startet – auf die Gefahr hin, dass die vermisste Person einfach nur kurz verreist ist und bald wieder auftaucht – oder wartet, bis sich die Hinweise auf ein Verbrechen verdichten. Dann allerdings kann es sein, dass wichtige Spuren bereits verloren sind. Wird irgendwo eine Leiche gefunden, bemüht sich die Polizei um Klärung der Identität (falls der oder die Tote keine Papiere bei sich trägt) und lässt von Rechtsmedizinern die Todesursache ermitteln. Auch bei Todesfällen im Zusammenhang mit einem Verbrechen liegt nicht grundsätzlich ein Mord vor: Es kann sich auch um einen Unfall oder um fahrlässige Tötung handeln.

SCHNÜFFLER AUF VIER BEINEN
Hier sind Spürhunde nach einem vereitelten Bombenanschlag am Glasgower Flughafen zu sehen. Hunde setzt man auch bei der Suche nach Drogen und Vermissten ein. Manche sind speziell für die Suche nach Leichen ausgebildet und finden diese sogar, wenn sie vergraben sind. Besonders geeignet sind Springer-Spaniels (links), eine englische Rasse.

AUGE AM HIMMEL
Die Crew eines Hubschraubers bespricht sich mit der Polizei und freiwilligen Helfern, bevor sie die Suche nach einem Vermissten aus der Luft fortsetzt. Ein Hubschraubereinsatz ist teuer, dafür kann man auf diese Weise große Gebiete in relativ kurzer Zeit absuchen, vor allem schwer zugängliche Terrains wie Wasser, Berge, Moore, Wüsten usw. Infrarotsensoren und andere Spezialvorrichtungen am Hubschrauber registrieren, ob sich unten im Gelände Menschen befinden, egal, ob lebend oder tot.

WHO IS WHO?
Nach einer Schießerei auf einem Bahnhofsvorplatz beginnt die Identifizierung des Opfers. Ein Polizist im Schutzanzug bringt gelbe Markierungskarten, die er neben potenziellen Beweisstücken aufstellt, bevor diese fotografiert und in Beuteln gesichert werden. Auch Dokumente und persönliche Gegenstände, die man bei der Leiche findet, werden gesichert, denn sie tragen entscheidend zur Identifizierung bei. Zeugenaussagen können ebenfalls weiterhelfen: In diesem Fall ging daraus hervor, dass das Opfer ein Passant war, der helfen wollte, als zwei Wachmänner tätlich angegriffen wurden.

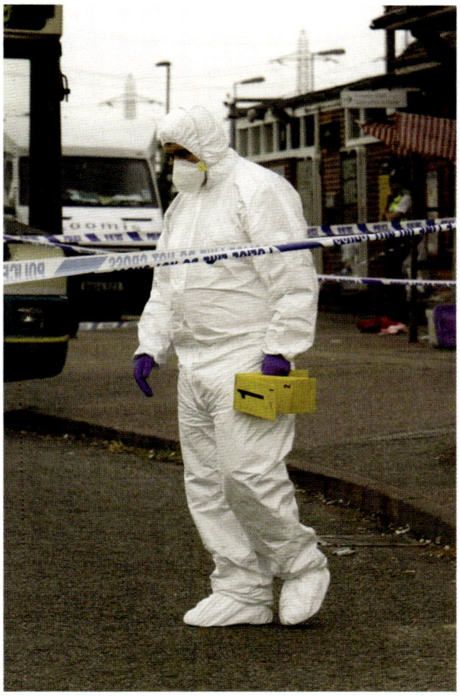

BODY FARM
Hier ist der forensische Anthropologe William Bass auf seiner „Body Farm" zu sehen, einem Forschungsgelände in den USA, auf dem man die Zersetzung von Körpern nach dem Tod wissenschaftlich untersucht. Anhand des Verwesungszustands einer Leiche lässt sich der Todeszeitpunkt ziemlich genau ermitteln.

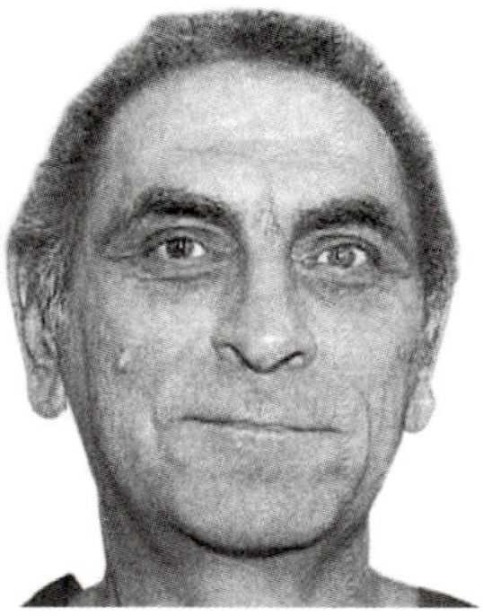

DREIFACHMÖRDER
Im Dezember 1993 meldete Mike Rubenstein, er habe drei Verwandte tot in ihrer Berghütte entdeckt. Angeblich war er in der zweiten Novemberhälfte zweimal dort gewesen und hatte die Hütte leer vorgefunden. Wissenschaftler von der Body Farm konnten nachweisen, dass die drei Personen schon seit Mitte November tot waren – sie hätten also dort sein müssen, als die Hütte Rubenstein zufolge leer war. Schließlich wurde er wegen dreifachen Mordes verurteilt.

TAUCHGÄNGE
Ein Taucher sucht in einem Fluss nach einer vermissten Frau, weil Gegenstände aus ihrem Besitz nahe am Ufer trieben. Taucher müssen oft in trübem Wasser bei schlechter Sicht arbeiten. Hilfreich ist dabei ein spezielles Echolot, das mithilfe von hochfrequenten Schallwellen die Umgebung „abbildet". Zeigt es ungewöhnliche Objekte am Grund, geht der Taucher nach unten, um sie in Augenschein zu nehmen.

IN DER ERDE VERBORGEN
Auf dem Bild unten ist eine Bodenradar-Einheit zu sehen. Bodenradar wird eingesetzt, wenn man vermutet, dass in einem bestimmten Gebiet etwas vergraben sein könnte. Das Gerät sendet hochfrequente Radiowellen aus, die von Gegenständen im Boden unterschiedlich stark reflektiert werden. Das dabei am Monitor entstehende Bild wird von Experten interpretiert. Oft liefert es keine eindeutige Aussage, gibt aber Hinweise auf eventuell ungewöhnliche Objekte, sodass man an den entsprechenden Stellen graben kann.

Das große Krabbeln

Schon wenige Minuten nach dem Tod eines Menschen kommen die Fliegen. Sie werden durch Substanzen wie Cadaverin oder Putrescin angelockt, die der tote Körper verströmt. Nach den Fliegen lassen sich weitere Insekten auf dem Leichnam nieder. Manche fressen an ihm, die meisten aber legen nur ihre Eier ab und stellen so die Versorgung ihres Nachwuchses mit Nahrung sicher. Aus den Eiern schlüpfen Larven, die ganz anders aussehen als die erwachsenen Tiere. Von den Larven ernähren sich zum Teil später hinzukommende Insekten. Anhand einer Untersuchung der Insekten und Larven, die eine Leiche besiedelt haben, können forensische Entomologen (Insektenkundler) den Todeszeitpunkt bestimmen.

Netz mit Schmeißfliegen in unterschiedlichen Entwicklungsstadien

Puppen von Schmeißfliegen

Wasser sorgt für konstante Feuchtigkeit.

ZUCHT IM LABOR
Dieses Netz in einem gerichtsmedizinischen Labor beherbergt u. a. Puppen von Schmeißfliegen, die sich von faulendem Fleisch (in diesem Fall von Tieren) ernähren. Die Wissenschaftler beobachten die Entwicklung der Schmeißfliegen und untersuchen die Wirkung von Licht und Temperatur oder von Drogen und Alkohol im Fleisch. Solche Informationen sind wichtig zur Ermittlung des Todeszeitpunkts. Beobachtet werden aber auch Eier, Maden oder Puppen, die man an Tatorten auf Leichen gefunden hat. Larven verschiedener Arten und unterschiedlichen Alters ähneln sich oft stark und müssen zur Reife gebracht werden. Erst dann weiß man, um welche Art Insekten es sich handelt.

EINZUGSTERMINE
Insekten an einer Leiche liefern forensischen Entomologen vielerlei Hinweise, denn sie besiedeln einen Körper nach einem typischen Muster: Schmeißfliegen kommen zuerst, nach vier bis sieben Tagen folgen bestimmte Käfer (Kurzflügler), danach Wespen. Nach 8 bis 18 Tagen finden sich Ameisen, Schaben und andere Käfer ein. Kleidermotten gehören zu den letzten „Besuchern" – sie kommen erst, wenn die meisten fleischigen Bestandteile des Körpers gefressen sind. Als allgemeine Regel gilt: Wenn nur Eier vorhanden sind, ist der Tod in den letzten 24 Stunden eingetreten. Finden sich dagegen geschlüpfte Insekten, liegt der Tod etwa zwei bis drei Wochen zurück.

MILBEN
Milben kommen bald nach den Fliegen. Sie fressen Eier und Larven anderer Insekten und führen so mitunter die Experten in die Irre.

SPRINGSCHWÄNZE
Springschwänze gehören zu den späteren Besuchern einer Leiche: Sie kommen erst nach drei Wochen.

WESPEN
Wespen fressen meist nicht an der Leiche, sondern vertilgen bereits vorhandene Insekten und legen ihre Eier auf Maden ab.

KLEIDERMOTTEN
Im Endstadium der Zersetzung fressen die Larven von Kleidermotten die Haare der Leiche.

AMEISEN
Obwohl Ameisen keine Vorliebe für menschliches Fleisch haben, findet man sie häufig auf und um Leichen. Sie ernähren sich von den Larven und Maden anderer Insekten.

SCHMEISSFLIEGEN

Schmeißfliegen sind eine Insektenfamilie, zu der z. B. die allseits bekannte metallisch schillernde Blaue Schmeißfliege gehört. Sie legen ihre Eier auf verwesendem Fleisch und in offenen Wunden ab. An einer frischen Leiche stellen sich schon nach ein paar Minuten die ersten Schmeißfliegen ein. Die Untersuchung von Eiern, Larven und Puppen dieser Fliegen gibt Aufschluss über den Todeszeitpunkt.

1 EIER

Jede weibliche Schmeißfliege, die sich auf einer Leiche niederlässt, legt rund 250 sehr kleine Eier in Ohren, Nase, Wunden oder Falten der Kleidung, d. h. an Stellen, die noch relativ warm sind. Unter der durchscheinenden Eihülle ist – noch undeutlich – die künftige Larve zu sehen. Nach etwa 24 Stunden ist das nächste Entwicklungsstadium erreicht.

2 MADEN

Aus den Eiern von Schmeißfliegen schlüpfen Maden – blinde, beinlose Larven, die sich aber bewegen und fressen können. Die Maden häuten sich zweimal und durchlaufen somit drei Stadien, wobei sie jeweils größer werden. Liegen sie eng beisammen, steigt an der Stelle die Temperatur und zieht andere Insekten an, die sich von ihnen ernähren. Das letzte Madenstadium endet ein bis zwei Wochen nach der Eiablage.

3 PUPPE

Bevor aus der Made eine fertige Fliege wird, verpuppt sie sich. Dabei entsteht eine relativ harte Schale, Puparium genannt. In dieser vollzieht sich die Verwandlung der Larve. Die Puppe ist bewegungsunfähig und zehrt von Vorräten in ihrem Körper. Dieser Zustand dauert bis zu einer Woche, dann schlüpft die Fliege.

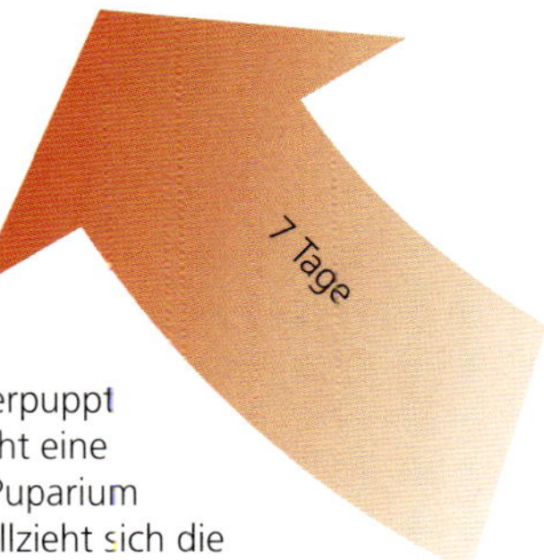

4 AUSGEWACHSENES INSEKT

Die Zeit bis zum Schlüpfen hängt stark von der Temperatur ab – je wärmer die Umgebung, desto schneller die Entwicklung. Zwei bis drei Wochen nach der Eiablage schlüpfen in der Regel die Schmeißfliegen aus den Puppen. Sie haben, wie alle Fliegen, sechs Beine, ein Paar Flügel und im Verhältnis zur Körpergröße sehr große Augen. Die ausgewachsenen Fliegen fressen, anders als ihre Maden, kein Fleisch.

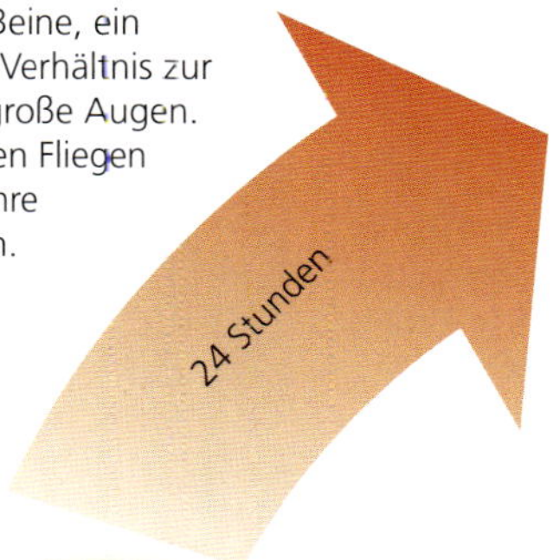

MADEN ERZÄHLEN GESCHICHTEN

18 Tage nach dem Verschwinden eines Mannes fand man in einem ausgebrannten Auto seine verkohlte Leiche. Sie wurde auf der Body Farm der Universität Tennessee untersucht. Am Körper fanden sich Maden, die man anhand von Größe und Gewicht auf ein Alter von zwei Tagen schätzte. Im Gehirn der Leiche entdeckte man tote Maden, die sich etwa 14 Tage entwickelt haben mussten, bevor sie im Feuer umkamen. Man schloss daraus, dass der Mann kurz nach seinem Verschwinden getötet worden war. Zwei Wochen danach hatte der Täter die Tat zu vertuschen versucht, indem er die Leiche in ein Auto setzte und Feuer legte. Der abgekühlte Körper wurde dann erneut von Insekten besiedelt.

Das ausgebrannte Auto sollte die wahre Todesursache verschleiern.

Todesursache

Eine Autopsie oder Obduktion beginnt mit einer äußeren Untersuchung des Körpers. Sie wird von einem Rechtsmediziner oder Pathologen durchgeführt, der nach Anzeichen für Verletzungen sucht. Bei Stich- oder Schusswunden müssen Winkel und Tiefe des Wundkanals bestimmt werden. Dann öffnet der Pathologe den Körper, um die inneren Organe zu untersuchen und vielleicht weitere Hinweise auf die Todesursache zu finden. Er entnimmt Organe und schickt Gewebeproben zur Untersuchung ins Labor. Dort wird festgestellt, ob der Tod zum Beispiel durch Sauerstoffmangel infolge einer Kohlenmonoxidvergiftung eingetreten ist. Am Ende werden die Organe wieder eingesetzt und der Körper wird zugenäht, sodass er in Würde bestattet werden kann.

LETZTER ARZTBESUCH
Eine Leiche, bei der die Todesursache ermittelt werden soll, wird in den Autopsieraum gebracht, auf einen Edelstahltisch gelegt und gesäubert. Danach macht sich der Pathologe an die Arbeit. Hygiene ist dabei oberstes Gebot, zum einen, damit der Pathologe sich nicht infiziert, zum anderen, damit keine Beweise verunreinigt werden. Die entnommenen Organe werden gewogen, da ein außergewöhnliches Gewicht auf die Todesursache schließen lässt.

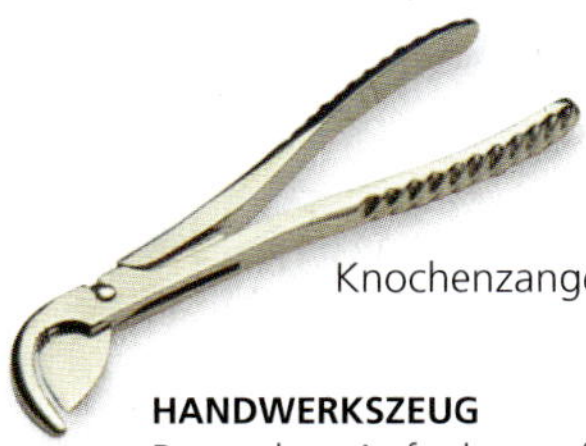

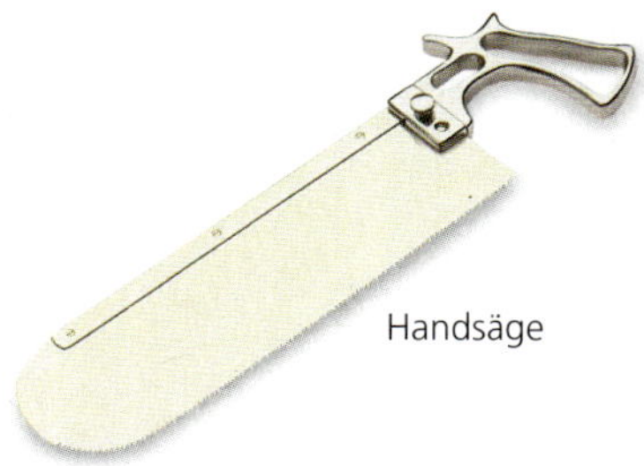

HANDWERKSZEUG
Besondere Aufgaben erfordern besondere Werkzeuge. Ein Rechtsmediziner verwendet Sägen und Knochenzangen zum Schneiden von Fleisch und Knochen, und Skalpelle, um kleine Schnitte anzubringen und Gewebeproben zu entnehmen. Um das Gehirn gründlich zu untersuchen, braucht er ein Gehirnmesser und einen Schädelmeißel.

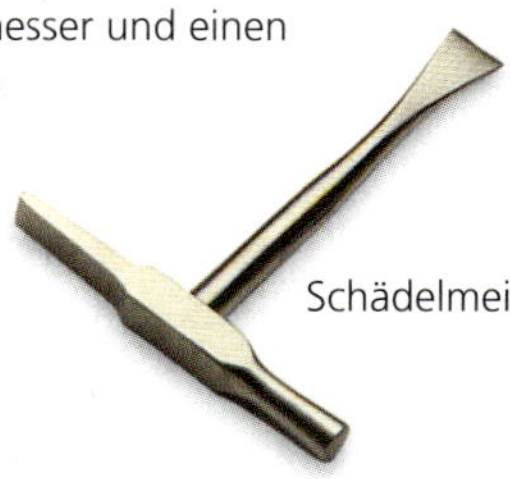

SCHRITT FÜR SCHRITT
Wenn der Verdacht auf Tötung besteht, wird die Leiche von einem Rechtsmediziner geöffnet. Mit speziellen chirurgischen Werkzeugen entfernt er die Organe, um sie anschließend zu untersuchen. Dabei geht er nach einem festen Schema vor. Zuerst entfernt er Speiseröhre und Magen, dann Herz und Lunge, danach das Gehirn, und ganz am Ende werden Leber und Nieren entnommen.

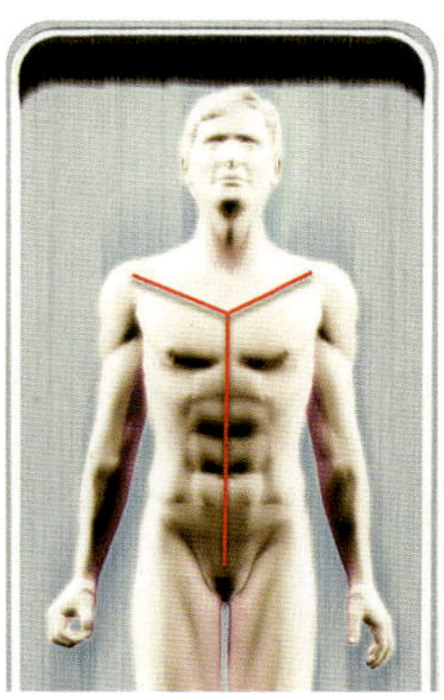

1 Y-SCHNITT Der erste Schnitt führt von der Brust zum Bauch.

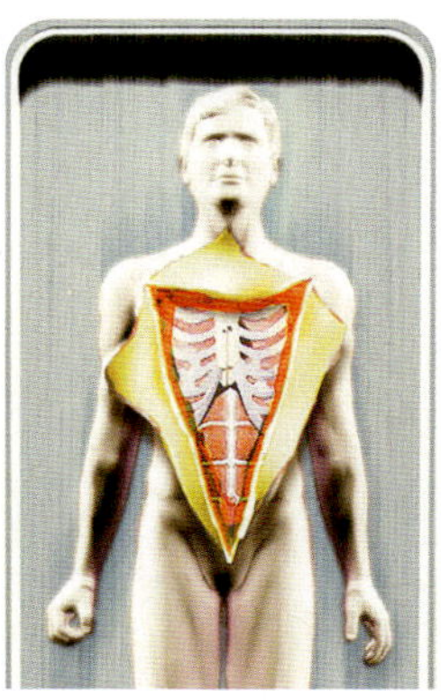

2 ÖFFNUNG Der Pathologe schiebt die Muskeln zur Seite, um die Organe freizulegen.

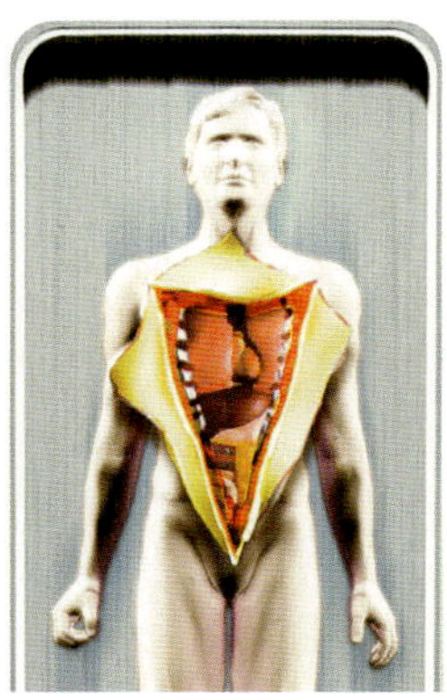

3 SÄGEN Die Rippen werden aufgesägt, damit Organe entnommen werden können.

UNTERSUCHUNG DES GEHIRNS
Um das Gehirn zu untersuchen, wird die Schädeldecke entfernt. Nach eingehender Betrachtung trennt der Pathologe das Gehirn vom Rückenmark, nimmt es heraus und wiegt es. Vor der Bestattung kommt es wieder in den Schädel.

Waage für Organe

Tafel, auf der das Gewicht von Organen notiert wird

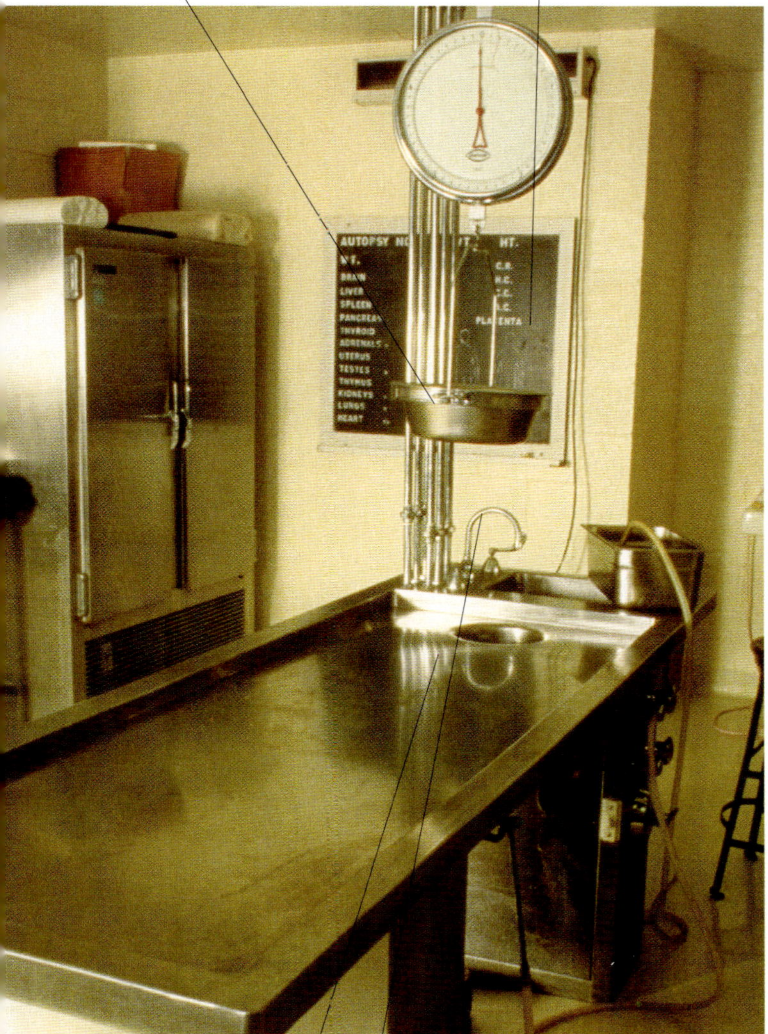

Der Autopsietisch fällt zum Abfluss am hinteren Ende hin leicht ab.

Wasseranschluss (Wasser wird gebraucht, um den Körper zu waschen und um Körperflüssigkeiten wegzuspülen)

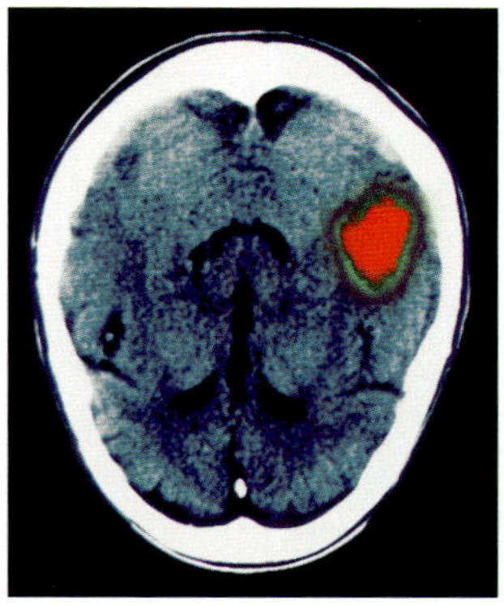

BLUTUNGEN
Eine häufige Todesursache bei Gewaltverbrechen sind Gehirnblutungen, die der Mediziner nach der Schädelöffnung feststellen kann. Ein Diagnoseverfahren namens Szintigrafie zeigt Blutungen ohne Schädelöffnung, wird aber gewöhnlich nur an lebenden Personen durchgeführt. Hier ist eine Blutung (rot) im Gehirn einer 66-jährigen Frau zu sehen – die Blutung war jedoch nicht tödlich.

BIS AUF DIE KNOCHEN
Stichwunden sind manchmal so tief, dass die Waffe den Knochen beschädigt hat. Wie auch Einbruchswerkzeuge anhand hinterlassener Spuren identifiziert werden können (siehe S. 24 und 28), lassen sich bestimmte Stichwaffen der Tat zuordnen, wenn z. B. Kerben an der Klinge zu den Spuren auf den Knochen passen.

Spuren von der Messerklinge

Teil eines Oberschenkelknochens

GEWEBE, BLUT UND DNA
Nach der Autopsie werden die entnommenen Gewebeproben im Labor untersucht. Dort bestimmt man auch die Blutgruppe und testet das Blut auf Krankheiten. Ob und wann der Tote Drogen konsumiert hat, lässt sich mit Haartests ermitteln. Von großer Bedeutung ist natürlich auch die Erstellung des DNA-Profils (siehe S. 22–23) anhand von Körperzellen oder -flüssigkeiten.

GEDÄCHTNISSTÜTZEN
Bei der äußeren Untersuchung fertigt der Rechtsmediziner normalerweise eine Skizze mit charakteristischen Kennzeichen an (z. B. Muttermalen, Leberflecken, Tätowierungen usw.), außerdem verzeichnet er Wunden und Blutergüsse, kurzum alle Auffälligkeiten, die eventuell (mit) zum Tod geführt haben. Mitunter werden auch Fotos gemacht, sie bedürfen jedoch in der Regel einer zusätzlichen Erklärung. Rechtsmediziner sprechen ihre Befunde bei der Untersuchung oft auf Band, damit eine lückenlose Dokumentation gewährleistet ist.

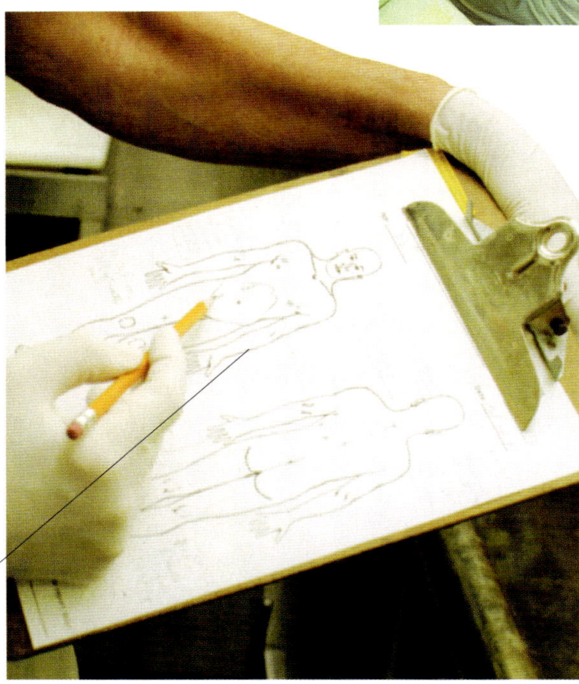

Besonderheiten werden im Autopsieprotokoll festgehalten.

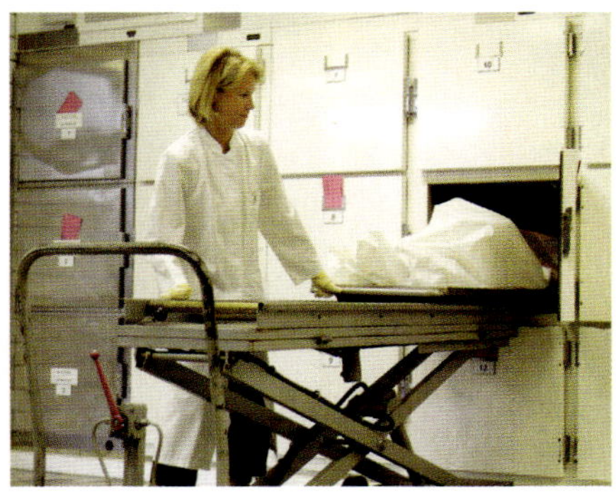

LEICHENHALLE
Leichen werden in der Leichenhalle aufbewahrt, wobei jeder Körper in einem Leichensack in einer großen Schublade liegt. Damit die Verwesung nicht einsetzt, ist der Raum gekühlt. Zur Autopsie werden die Leichen in den Autopsieraum gebracht, danach kommen sie bis zur Bestattung noch einmal in die Leichenhalle.

Die Welt der Gifte

Wenn der Verdacht besteht, dass bei einer Straftat Drogen oder Gifte im Spiel sind, werden Toxikologen (in der Regel spezialisierte Chemiker) zurate gezogen. Als Gift gilt jede für den menschlichen Körper schädliche Substanz. Zu den Drogen rechnet man Medikamente, die gegen Krankheiten eingenommen werden, Inhaltsstoffe von Genussmitteln wie Koffein in Kaffee, Tee und Colagetränken, Alkohol in Wein, Bier und Ähnlichem, Nikotin im Tabak und natürlich die illegalen Rauschgifte wie Haschisch, Kokain oder Heroin. Im Übermaß konsumiert, kann jede Droge giftig oder gar tödlich sein. Toxikologen suchen nicht nur nach Giftstoffen im Körper, sondern befassen sich auch mit Giften in der Umwelt, zum Beispiel in Industrieabfällen, die von Firmen nicht ordnungsgemäß entsorgt, sondern illegal abgeleitet oder deponiert wurden.

ACHTUNG, GIFT!
Früher zierten sie Piratenflaggen und sollten den Feinden Angst einjagen, heute warnen Totenschädel und gekreuzte Knochen vor tödlichen Gefahren, z. B. auf Behältern mit Chemikalien oder an den Türen kontaminierter Räume. Das oben gezeigte Symbol ist eindeutig und wird überall auf der Welt verstanden.

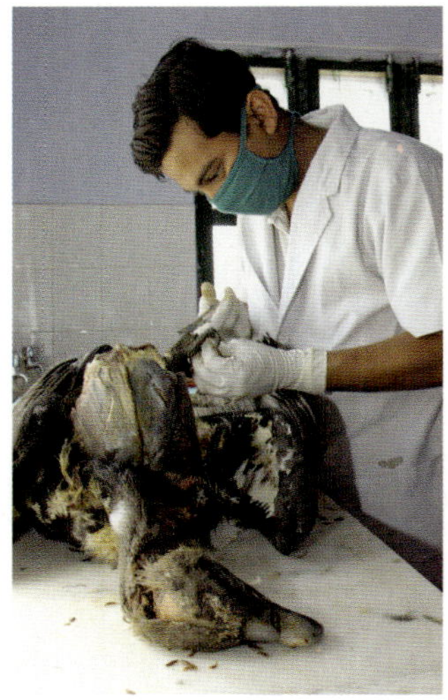

VERGIFTET?
Nicht immer trifft es Menschen. Auf dem Bild oben wird ein Bengalgeier untersucht, der möglicherweise an einer Vergiftung starb. Dahinter könnte eine kriminelle Handlung stecken, z. B. dass Bauern Gift ausgelegt haben oder eine Fabrik giftige Abfälle in die Umwelt freigesetzt hat. Wie sich herausstellte, starb der Geier, weil er Fleisch gefressen hatte, das von einer mit dem Medikament Diclofenac behandelten Kuh stammte.

ANGRIFF MIT SPOREN
Am 11. September 2001 flogen entführte Verkehrsflugzeuge in die beiden Türme des World Trade Center in New York und beschädigten das Pentagon, das amerikanische Verteidigungsministerium, in Washington. Fast 3000 Menschen kamen dabei um. Eine Woche später begann ein anderer Angriff: Briefe mit Sporen der tödlichen Krankheit Milzbrand wurden an Zeitungsredaktionen und US-Politiker geschickt. Fünf Menschen starben, weitere 17 erkrankten. Die Suche nach dem Urheber, die Entgiftung der Gebäude und die Überwachung der Post verschlangen Millionen Dollar. Man fand schließlich heraus, dass die Erreger aus einem US-Labor stammten – wer die Briefe verschickt hatte, konnte allerdings nicht ermittelt werden.

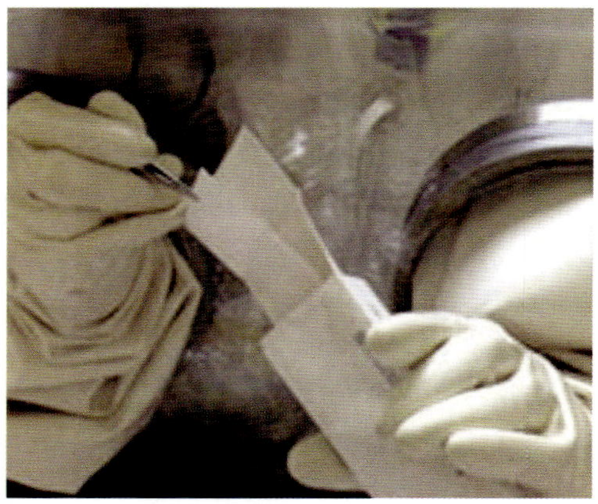

Eine verdächtige Postsendung wird überprüft.

Einer der Briefe mit Milzbranderregern

EHEDRAMA
Als man 1910 die zerstückelte Leiche der vermissten Cora Crippen im Keller ihres Hauses vergraben fand, war ihr Mann, Hawley Harvey Crippen, bereits mit seiner Geliebten an Bord eines Schiffs von England nach Kanada. Der Kapitän erkannte sie trotz Verkleidung und informierte die Polizei, die sie bei der Ankunft bereits erwartete. Crippen wurde für schuldig befunden, seine Frau vergiftet zu haben, und zum Tode verurteilt.

GIFT – JA ODER NEIN?

Eine wichtige Aufgabe von Toxikologen besteht darin, Proben von einem Tatort oder Körpergewebe auf Giftstoffe zu untersuchen. Bei manchen Giften wirken schon winzige Mengen tödlich. Zur Analyse kleiner Substanzmengen setzt man z. B. ein Massenspektrometer ein. In dem Gerät wird eine Probe in Moleküle (Gruppen von Atomen) zerlegt, und diese werden nach ihrer Masse sortiert. Dabei wird deutlich, welche Substanzen die Probe enthält.

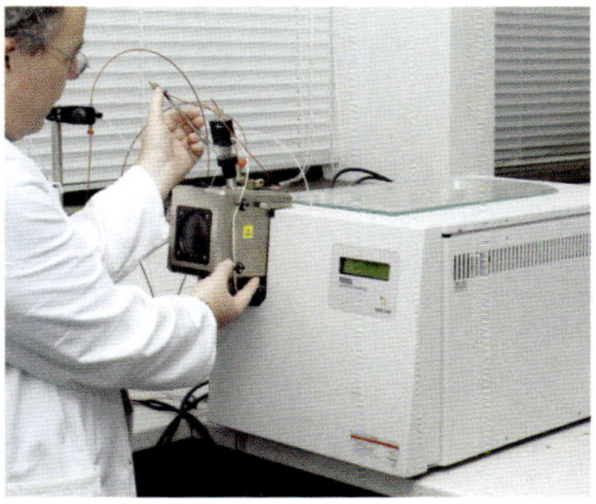

GIFTE ALLER ART

Giftmorde ließen sich in früheren Zeiten nur schwer nachweisen. Heute jedoch sind die Analysemöglichkeiten so weit fortgeschritten, dass die Tat kaum unentdeckt bleibt, wenn eines der hier gezeigten Gifte benutzt wurde.

STRYCHNIN
Das Gift Strychnin ist in den Blättern einer Pflanze namens Brechnuss enthalten. Es bewirkt heftige Krämpfe, die zu einer Lungenlähmung und schließlich zum Ersticken führen.

PILZE
Knollenblätterpilze enthalten ein starkes Gift, das zu einem qualvollen Tod mit Krämpfen, Erbrechen, Durchfall und Leberversagen führt. Papst Clemens VII. wurde im Jahr 1534 Opfer einer Knollenblätterpilz-Vergiftung.

ANTIMON
In gemahlener Form wurde dieses Metall früher als Gift verwendet. Sein typischer Metallgeschmack ist schwer zu verbergen, daher verabreichte man es in kleinen Dosen über längere Zeit hinweg. Antimon führt zum Tod durch Herzversagen.

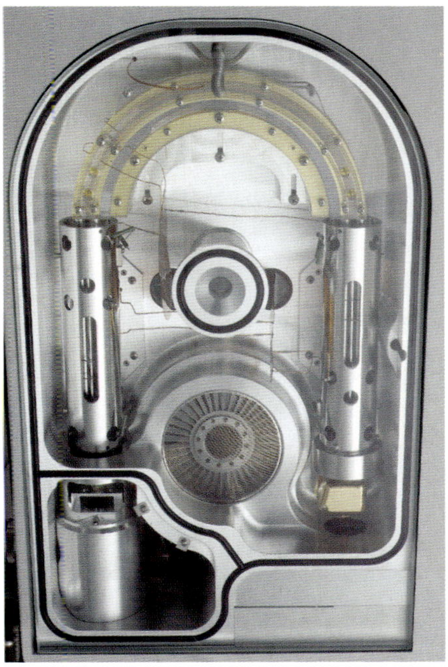

1 DIE PROBE
Die Probe wird in das Massenspektrometer gegeben und mit Elektronenstrahlen bombardiert, die Elektronen aus den Molekülen herausschlagen. So entstehen elektrisch geladene Teilchen, die Ionen.

2 IONEN-PINGPONG
Ein starkes elektrisches Feld beschleunigt die Ionen (von links unten aus nach oben), und ein Magnetfeld lenkt sie dort um die Kurve. Ionen verschiedener Substanzen haben unterschiedliche Massen und beschreiben daher unterschiedliche Kurven. Wenn sie beim Detektor (unten rechts) ankommen, sind sie getrennt. Das Ergebnis ist eine Grafik, der man entnehmen kann, ob die Probe Giftstoffe enthält.

RAUSCHGIFT
Drogen wie Marihuana, Heroin, Amphetamin oder Kokain sind wegen ihrer Gesundheitsschädlichkeit vielerorts per Gesetz verboten. Konsumiert man sie in hoher Dosis oder kombiniert mit anderen Drogen, kann die Einnahme zum Tod führen. Bei unverletzten Leichen sucht man deshalb routinemäßig nach Spuren von Drogen im Blut.

CANNABIS
Cannabis, der Wirkstoff in Haschisch oder Marihuana, verändert die Wahrnehmung und kann in hohen Dosen bewirken, dass ein an sich nicht zu Straftaten neigender Mensch im Rauschzustand ein Verbrechen begeht.

HEROIN
Heroin wird aus Opium hergestellt und ist ein stark abhängig machendes Rauschgift. Als Überdosis konsumiert, kann es zum Tod führen. Durch eine Blutuntersuchung lässt sich nachweisen, ob Heroin die Todesursache war.

TÖDLICHES RICIN

Der emigrierte bulgarische Schriftsteller Georgi Markow spürte, als er 1978 in London unterwegs war, einen Stich im Bein. Er sah, wie ein Mann hinter ihm einen Regenschirm aufhob und in ein Taxi stieg. Drei Tage später war Markow tot. Man hatte ihm ein winziges Metallkügelchen mit dem Gift Ricin ins Bein injiziert. Markow hatte als Dissident gegen die politischen Verhältnisse in seinem Heimatland protestiert und wurde vermutlich von einem bulgarischen Agenten ermordet.

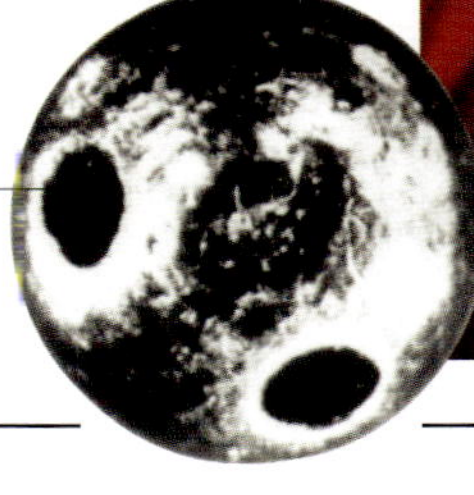

Bohrung mit Ricin

Tatsächliche Größe des Kügelchens ●

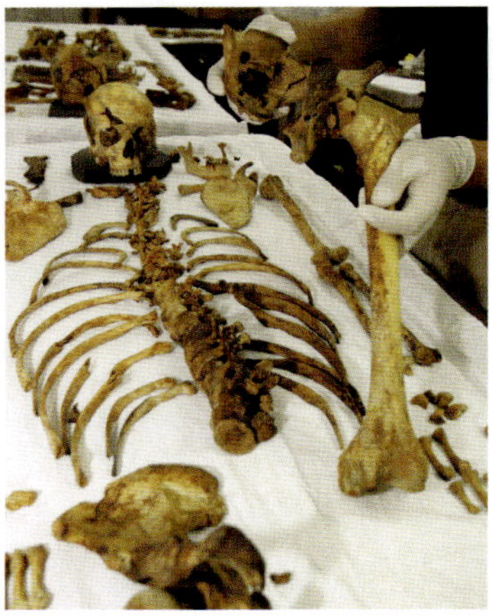

NACKTE KNOCHEN
Anhand des Skeletts kann ein forensischer Anthropologe Geschlecht und Körpergröße sowie das Alter eines Menschen zum Zeitpunkt seines Todes bestimmen. Zudem lassen sich Aussagen über die ethnische Herkunft und eventuell auch den Gesundheitszustand zu Lebzeiten oder die Todesursache machen.

Was bleibt, sind Knochen

Die forensische Anthropologie ist ein Zweig der Anthropologie (Wissenschaft vom Menschen), der sich unter anderem mit den Gemeinsamkeiten und Unterschieden im Körperbau bei verschiedenen Völkern befasst. Dabei geht es vor allem um das Skelett, also den Teil des Körpers, der nach Tod und Bestattung am längsten erhalten bleibt. Im Lauf des Lebens verändert sich nicht nur das Äußere eines Menschen, sondern auch das Skelett. So ist zum Beispiel bei Kindern der Kopf im Verhältnis zum Körper größer als beim Erwachsenen. Auch Skelette von Männern und Frauen unterscheiden sich: Bei Frauen ist das Becken (aus den Hüftbeinen und einigen kleineren Knochen) breiter, um das Gebären von Kindern zu ermöglichen. Außerdem variieren Skelette je nach ethnischer Herkunft. So unterscheiden sich beispielsweise die Schädelformen von Europäern, Afrikanern und Ostasiaten. Forensische Anthropologen nutzen solche Informationen, um sich ein genaues Bild des Menschen zu machen, dessen Knochen sie untersuchen.

SPRECHENDE SCHÄDEL
Die meisten Informationen liefert der Schädel. Um die ethnische Herkunft eines Toten herauszufinden, misst der Anthropologe Tiefe und Breite des Schädels. Weitere Hinweise geben die Wangenknochen, die Augenhöhlen, der Nasenknochen bzw. die Nasenöffnung und mitunter auch die Zähne. Weil es starke Schwankungen innerhalb jeder ethnischen Gruppe gibt, lassen sich nicht immer ganz eindeutige Zuordnungen vornehmen.

EUROPA
Europäische Schädel sind nicht so tief wie afrikanische und nicht so breit wie ostasiatische. Das Gesicht ist relativ flach; weder Wangenknochen noch Kiefer ragen vor.

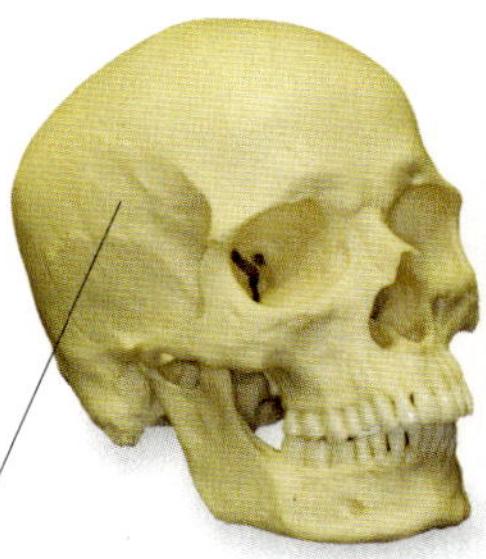

Weniger tief als afrikanischer Schädel

AFRIKA
Schädel von Afrikanern südlich der Sahara sind tiefer als europäische. Die Wangenknochen sind niedriger, die Augenhöhlen sind dafür größer und liegen weiter auseinander.

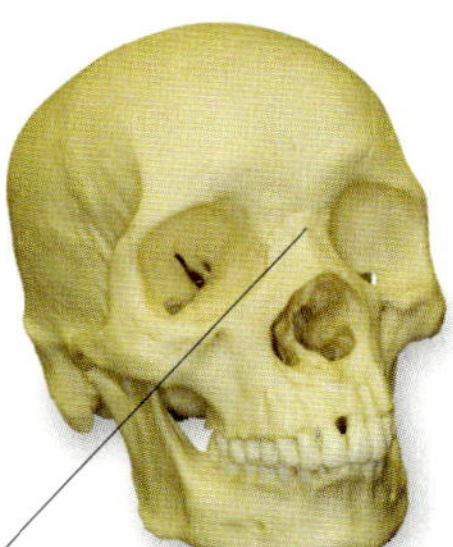

Mehr Abstand zwischen Augen

OSTASIEN
Schädel aus Ostasien sind im Verhältnis zu ihrer Tiefe hoch und breit und weisen runde Augenhöhlen auf. Die Schneidezähne sind schaufelförmig.

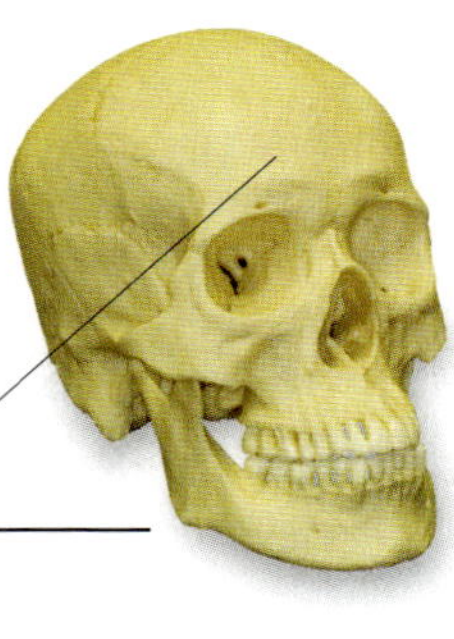

Breite Stirn

MASSENGRÄBER
Hier sind Kriminaltechniker der UNO in einem Massengrab im Kosovo zu sehen. Ende der 1990er-Jahre wütete ein Krieg zwischen der serbischen Regierung und dem Kosovo, dessen Bevölkerung größtenteils albanischer Herkunft ist. Der Verdacht auf Massentötungen bestätigte sich, als man Massengräber entdeckte. Anhand der Knochen versucht man, die Identität der Opfer und die Todesursache herauszufinden.

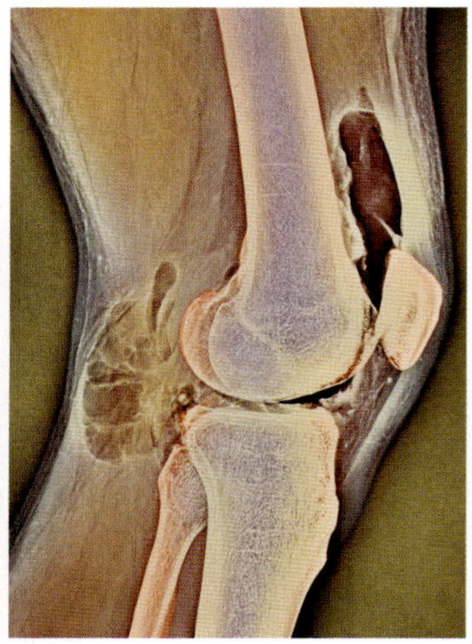

KNOCHENSCHÄDEN
Dieses Röntgenbild eines Kniegelenks zeigt Zeichen von Arthrose. Dabei ist der Knorpel (das elastische Verbindungsgewebe) in verschiedenen Gelenken abgenutzt, sodass die Knochen aneinanderreiben und Schaden nehmen. Unbekannte Tote, bei denen man Arthrose feststellt, kann man eventuell mittels Krankenakten identifizieren.

Rekonstruktion des Kopfs aus Ton

Foto des vermissten Mannes

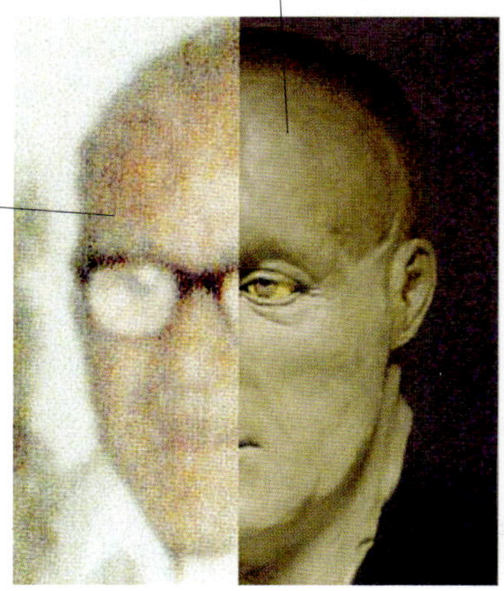

AUS DER ASCHE
Am 18. November 1987 zerstörte ein Brand die Londoner U-Bahn-Station King's Cross. Die Identität von 30 Todesopfern wurde im Lauf der folgenden Tage ermittelt, einer der Toten konnte jedoch nicht identifiziert werden. Forensische Anthropologen rekonstruierten sein Aussehen (rechts). Es handelte sich um einen eher kleinen Mann, der eine Gehirnoperation hinter sich hatte. Erst 15 Jahre später wurde er von Angehörigen als Alexander Fallon identifiziert, der zur Zeit des Unglücks 72 Jahre alt und obdachlos war.

NEUES LEBEN
Manchmal kann ein Toter nur identifiziert werden, wenn man mithilfe des gefundenen Schädels sein Äußeres rekonstruiert und veröffentlicht. Dazu wird der Kopf entweder gezeichnet oder in Ton modelliert. Die hier gezeigte Tonrekonstruktion gehört zu einem 1989 in Wales gefundenen Schädel einer jungen Frau: Das fertige Modell war so naturgetreu, dass die Tote problemlos identifiziert werden konnte.

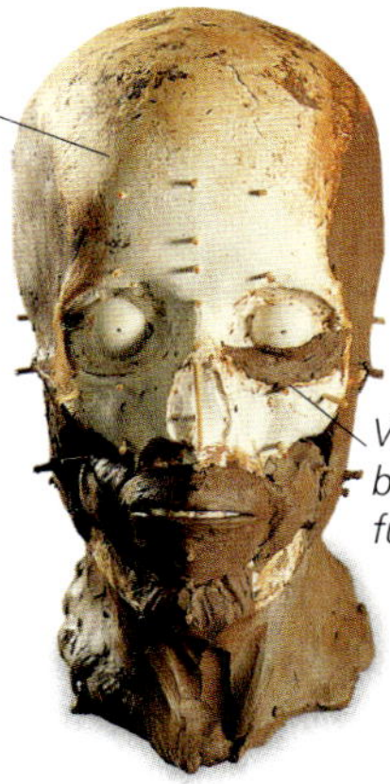

1 STIFTE Stifte markieren die für eine Frau im Alter der Toten übliche Dicke der Muskeln.

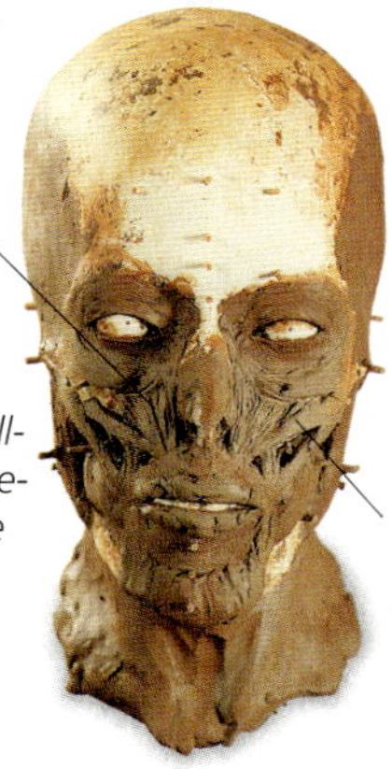

2 MUSKELN Mit Ton wird die Muskulatur in Kiefer- und Wangenbereich nachgebildet.

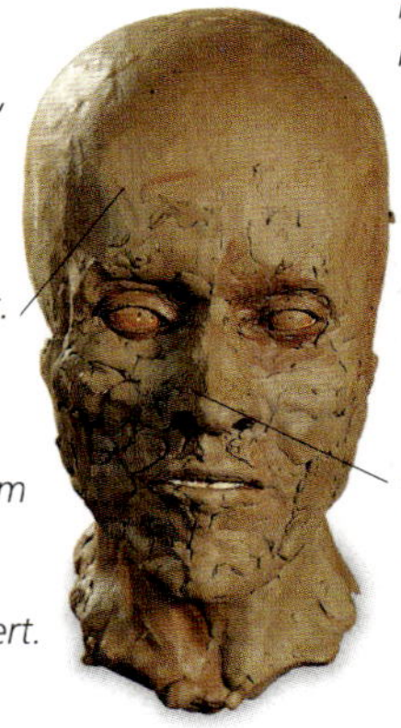

3 HAUT Wenn das Gesicht komplett nachgebildet ist, wird die Oberfläche geglättet.

4 HAAR UND AUSDRUCK Bei Frisur und Gesichtsausdruck ist der Modellbauer auf Vermutungen angewiesen.

AM COMPUTER
Gesichter werden heute auch per Computer rekonstruiert. Dabei dienen Daten von Computertomogrammen (CTs) lebender Menschen als Muster. (CTs sind spezielle Röntgenbilder, die nicht nur Knochen zeigen, sondern auch Muskeln, Sehnen usw.) Bei der Nachbildung des Kopfs eines unbekannten Toten „umhüllt" das Programm den gefundenen und nun digitalisierten Schädel mit Muskeln, wie sie den CT-Daten entsprechen. Sie werden gedehnt und gedrückt, bis sie „passen". Wenn Augenfarbe, Haut und Haare ergänzt sind, kann die Rekonstruktion über die Medien verbreitet werden.

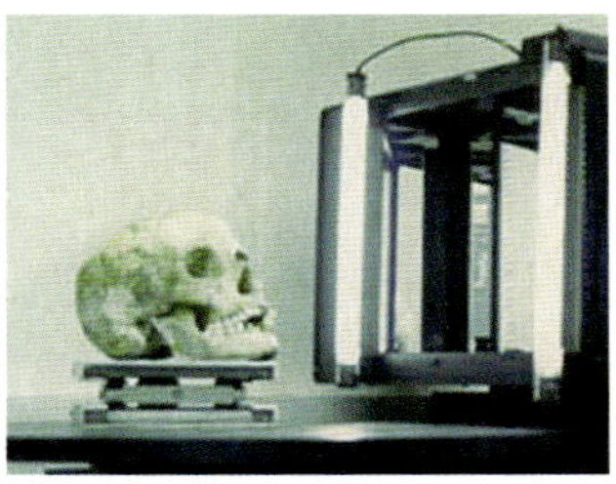

1 ABTASTEN Der Schädel eines unbekannten Toten dreht sich vor einem Scanner. Ein Laserstrahl tastet ihn ab und speichert seine Form und Größe im Computer. Danach muss das Gesicht rekonstruiert werden.

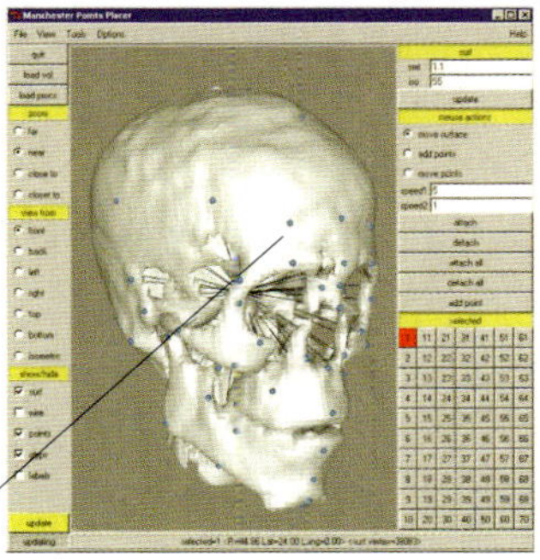

2 MARKIEREN Der gescannte Schädel ist auf dem Monitor zu sehen. Nun werden vom Bediener des Programms die Punkte angegeben und markiert, an denen die CT-Daten „angelegt" werden sollen.

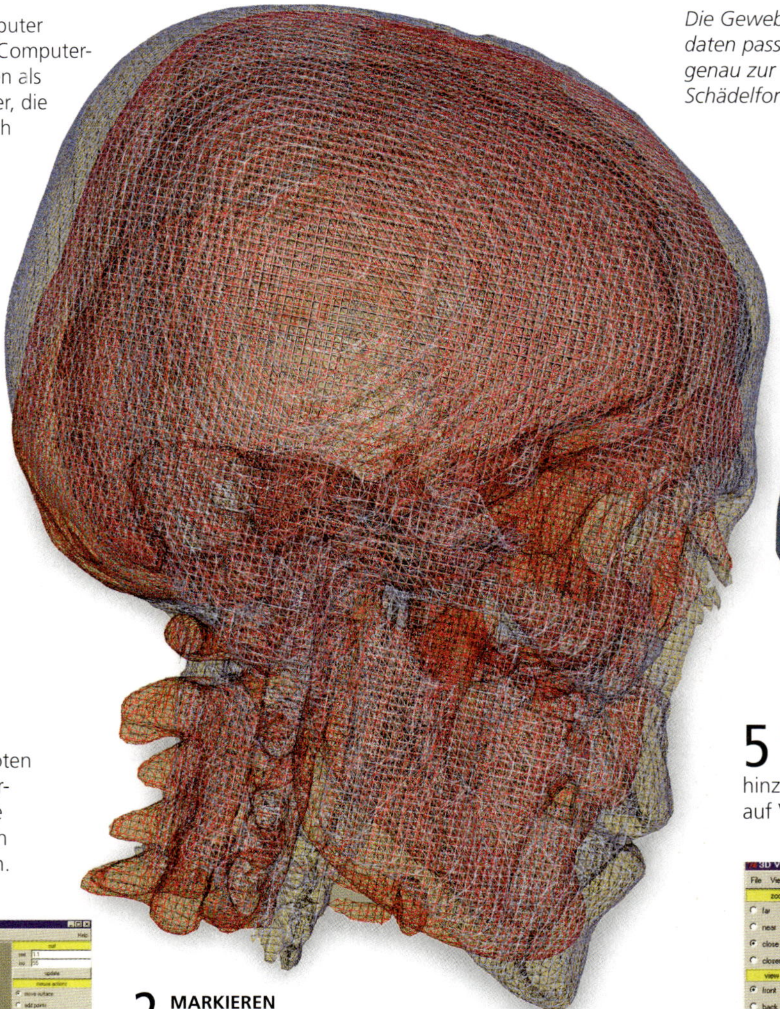

3 ANPASSEN Die CT-Daten eines passenden Schädels werden nach Vorgaben eines Anthropologen hinsichtlich Geschlecht, Alter und ethnischer Herkunft des Toten aus einer Datenbank ausgewählt. Anschließend wird die CT-Schädeldarstellung (rot) mit dem zu rekonstruierenden Schädel (blau) kombiniert und, wo nötig, angepasst.

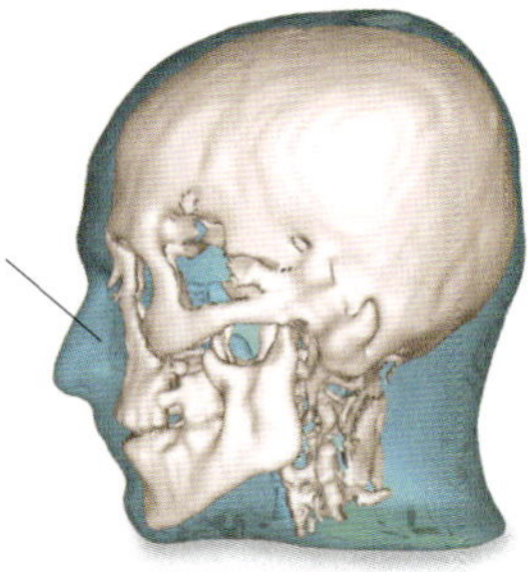

4 MUSKELDATEN Sind die CT-Schädeldaten mit dem zu rekonstruierenden Schädel kombiniert, kommt Muskelgewebe (ebenfalls als CT-Daten) hinzu.

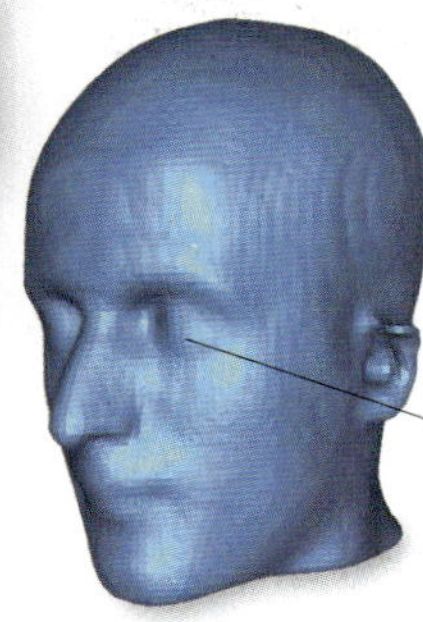

5 KOSMETIK Am Ende werden Augen und Haar hinzugefügt – dabei ist man in der Regel auf Vermutungen angewiesen.

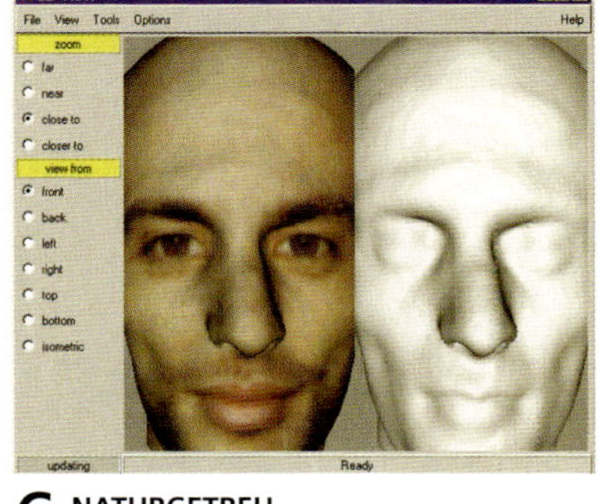

6 NATURGETREU Damit die Haut echt wirkt, wird das Foto eines Gesichts über das Modell „gelegt", und zuletzt fügt man Lichter und Schatten hinzu.

Phantombilder

Nach Straftaten werden manchmal Bilder der Verdächtigen oder Opfer erstellt und an Polizeidienststellen verteilt oder über die Medien verbreitet – man erhofft sich davon Hinweise aus der Bevölkerung, die bei der Identifizierung helfen. Als Grundlage für die sogenannten Phantombilder dienen zum Beispiel Aufzeichnungen von Überwachungskameras, wie sie vielerorts aufgestellt sind. Wenn keine oder keine ausreichend guten Aufnahmen vorhanden sind, wird nach Zeugenaussagen ein Bild des Verdächtigen angefertigt. Ein Gesicht mit Worten zu beschreiben, ist jedoch nicht einfach. Zeugen fällt es oft leichter zu sagen, ob ein Gesicht, das man ihnen zum Beispiel am Bildschirm zeigt, dem des Verdächtigen ähnelt. Phantombilder werden aus vorgefertigten „Elementen" aufgebaut, wobei der Zeuge bei jeder Veränderung sagt, ob es dem Verdächtigen dadurch ähnlicher oder weniger ähnlich wird. Anfangs wurden die Bilder von Hand gezeichnet, später kombinierte man vorgefertigte Zeichnungen von Gesichtsteilen oder auch Fotos und heute stellt man die Phantombilder aufgrund von Zeugenaussagen am Computer zusammen.

GESICHTER AUS DEM KOFFER
Mit einer Ausrüstung zur fotografischen Identifizierung wurde es möglich, anhand von Zeugenaussagen brauchbare Bilder von Verdächtigen zusammenzustellen. Die einzelnen Merkmale, wie z. B. Haare, Augenbrauen, Augen, Nase und Mund, waren auf Fotos festgehalten. Entwickelt wurde diese Methode von dem Fotografen Jacques Penry, der sein System, mit dem sich endlos viele verschiedene Gesichter kombinieren lassen, „Foto-FIT" nannte. Der oben gezeigte Koffer enthält Dutzende von Varianten für jedes Merkmal, und die Zeugen wählen aus den Alternativen die jeweils passende Variante aus. Die Methode wird heute nur noch selten verwendet.

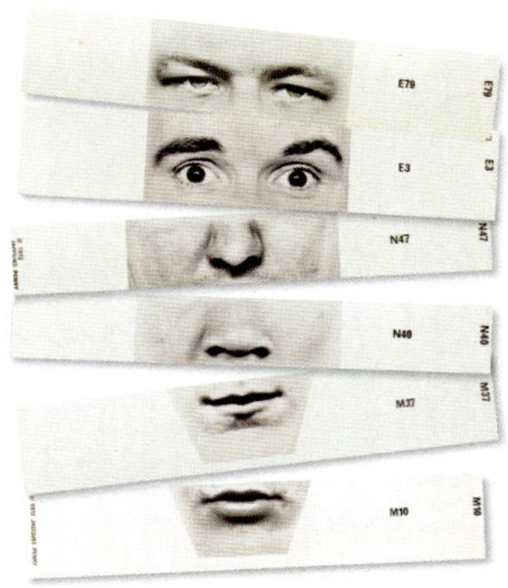

FOTOS MIT SYSTEM
Ein Identkit zur Erstellung von Phantombildern enthält Fotos einzelner Merkmale (oben). Der Zeuge bekommt Folien mit z. B. Nasen vorgelegt, aus denen er die am besten passende auswählt. Dies wird anschließend für alle anderen Merkmale wiederholt und am Ende setzt man das Gesicht zusammen.

Fertiges Gesichtspuzzle

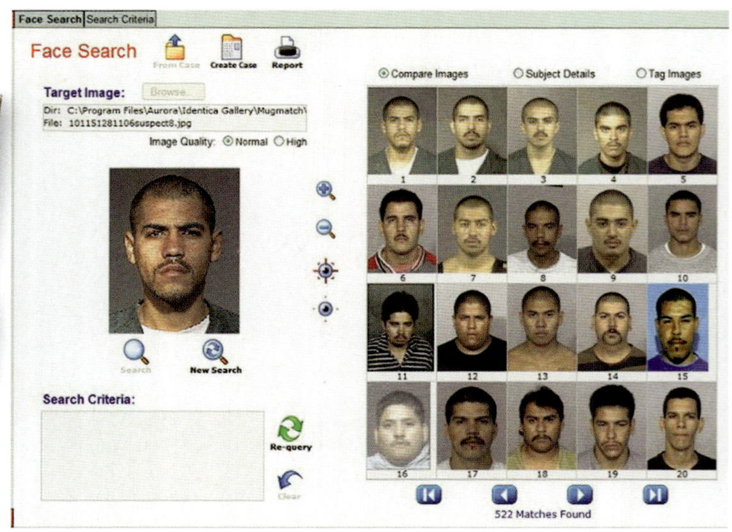

FOTOVERGLEICH
Existiert ein gutes Bild des Verdächtigen, so kann man Datenbanken von Straftätern nach übereinstimmenden Fotos durchsuchen. Hier ist das Bild eines Verdächtigen zu sehen (oben links), daneben zwanzig Bilder aus der Datenbank, die der Computer innerhalb weniger Sekunden als mögliche Treffer ausgewählt hat. Verglichen werden die Bilder von einem Ermittler, denn nur ein Mensch kann entscheiden, welches Bild dem Verdächtigen am ehesten entspricht.

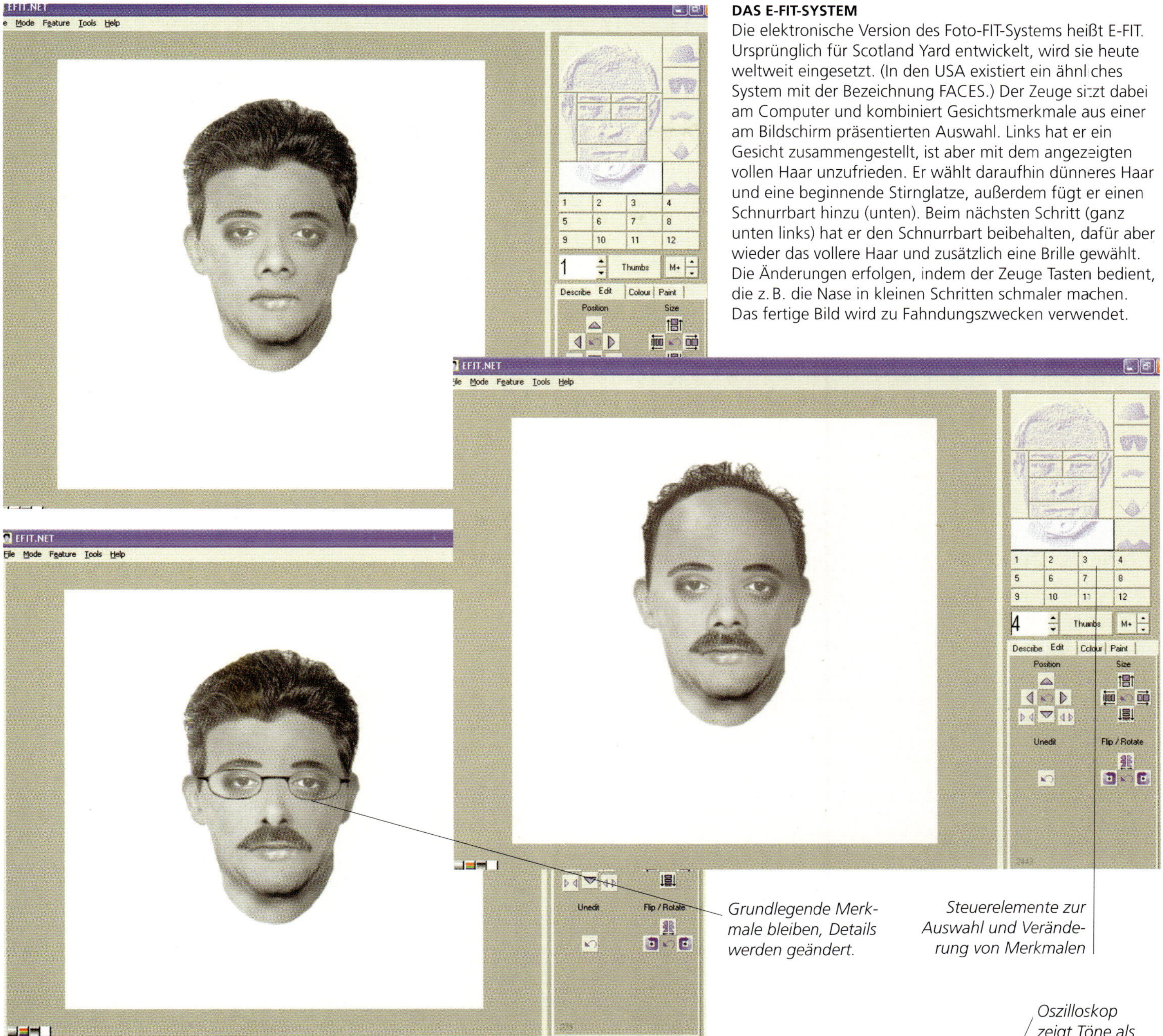

Grundlegende Merkmale bleiben, Details werden geändert.

Steuerelemente zur Auswahl und Veränderung von Merkmalen

DAS E-FIT-SYSTEM

Die elektronische Version des Foto-FIT-Systems heißt E-FIT. Ursprünglich für Scotland Yard entwickelt, wird sie heute weltweit eingesetzt. (In den USA existiert ein ähnliches System mit der Bezeichnung FACES.) Der Zeuge sitzt dabei am Computer und kombiniert Gesichtsmerkmale aus einer am Bildschirm präsentierten Auswahl. Links hat er ein Gesicht zusammengestellt, ist aber mit dem angezeigten vollen Haar unzufrieden. Er wählt daraufhin dünneres Haar und eine beginnende Stirnglatze, außerdem fügt er einen Schnurrbart hinzu (unten). Beim nächsten Schritt (ganz unten links) hat er den Schnurrbart beibehalten, dafür aber wieder das vollere Haar und zusätzlich eine Brille gewählt. Die Änderungen erfolgen, indem der Zeuge Tasten bedient, die z. B. die Nase in kleinen Schritten schmaler machen. Das fertige Bild wird zu Fahndungszwecken verwendet.

IM VISIER DER KAMERAS

Dieses Bild aus einer Überwachungskamera zeigt vier Männer vor einem Bahnhof, nicht aber, dass sie Bomben bei sich haben, die sie mitten in London zünden und die sie selbst und 52 weitere Menschen das Leben kosten werden. Bilder aus Überwachungskameras sind nützlich, weil sie bei der Identifizierung von Tätern helfen.

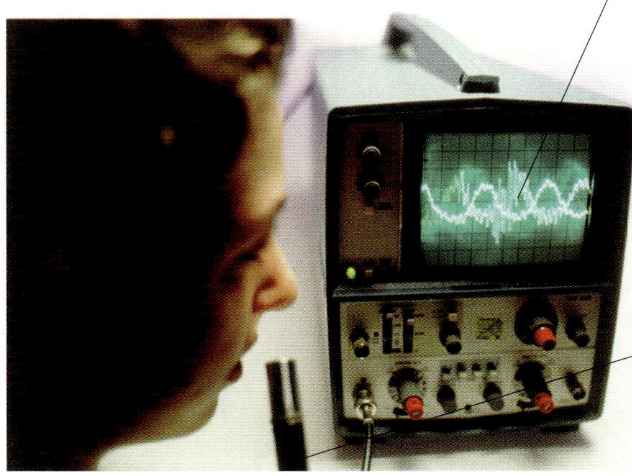

Oszilloskop zeigt Töne als Grafik („Stimmabdruck") an.

Im Mikrofon werden Töne in elektrische Signale umgewandelt.

MEHR ALS SCHALL UND RAUCH

Forensische Phonetiker sind Sprachexperten, die anhand der Stimme Alter, Geschlecht und Herkunft einer Person bestimmen. Sie nehmen Stimmanalysen vor, bei denen individuelle Tonschwankungen während des Sprechens grafisch dargestellt werden. Solche „akustischen Fingerabdrücke" helfen bei der Identifizierung von Tätern.

Was geht im Täter vor?

Fallanalytiker, auch Profiler genannt, analysieren Verbrechen, um sich ein Bild der Persönlichkeit oder Lebensweise des Täters zu verschaffen. Wann und wo ein Verbrechen begangen wurde, kann einiges über den Täter aussagen. Es kommt zum Beispiel nur selten vor, dass Einbrecher in unmittelbarer Nähe ihres Wohnorts „operieren". Lebt ein Täter nahe der Autobahn, so sind die Städte und Dörfer unweit der nächsten Autobahnausfahrten für ihn am besten erreichbar. Wer tagsüber einer geregelten Arbeit nachgeht, wird Straftaten zumeist eher abends oder am Wochenende begehen. Betrachtet man die Taten unter psychologischen Gesichtspunkten, ergeben sich oft Hinweise auf die Persönlichkeit des Täters und eventuell seine Geschichte. Um beim Verhör einzuschätzen, ob ein Verdächtiger lügt, bedarf es einer guten Portion Fingerspitzengefühls. Es gibt zwar Lügendetektoren, mit denen man beim Verhör Puls, Blutdruck, Atemfrequenz und Schweißbildung des Verdächtigen messen kann (man geht davon aus, dass der Befragte beim Lügen zum Beispiel einen höheren Puls hat und stärker schwitzt), doch die damit erzielten Ergebnisse werden vor Gericht meist nicht anerkannt.

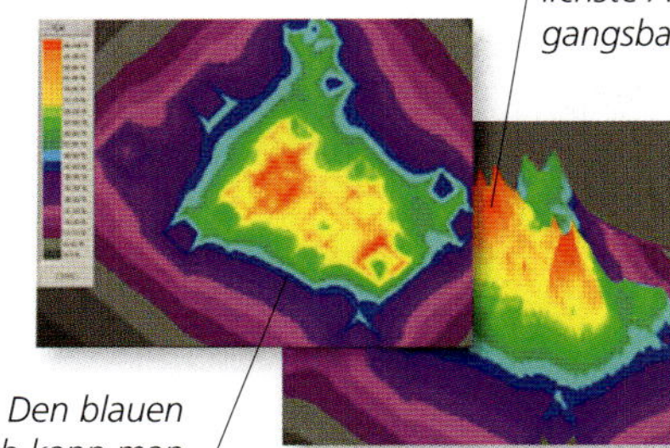

WARM, WÄRMER, HEISS ...
Auf der Karte ganz oben markieren rote Punkte die Orte von Banküberfällen in Mittelengland. Ein Profiler erstellte daraufhin eine Wahrscheinlichkeitskarte (oben) für die Ausgangsbasis des Täters (z. B. seine Wohnung). Die dreidimensionale Darstellung daneben zeigt die wahrscheinlichsten Bereiche als „Gipfel". Dank der Analyse reduzierte sich das infrage kommende Gebiet auf ein Zehntel der Fläche, und der Bankräuber konnte bald gefasst werden.

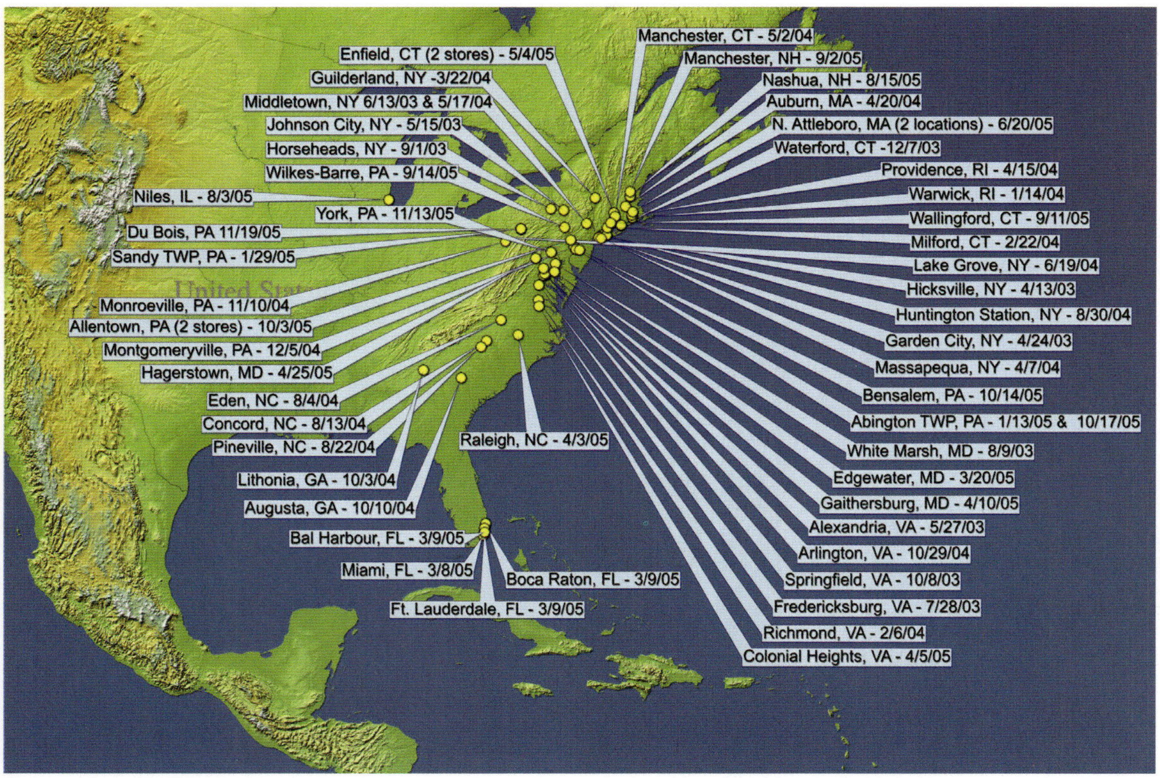

JUWELENRÄUBER
Diese vom FBI erstellte Karte zeigt Orte und Zeitpunkte von Juwelendiebstählen an der Ostküste der USA. Die Serie begann im April 2003 und dauerte mehrere Jahre. Bei rund 50 Diebstählen wurde Schmuck im Wert von über 5 Mio. Dollar erbeutet. Die Karte liefert Hinweise auf die mögliche Ausgangsbasis der Täter, auf ihre Transportmittel und eventuell sogar auf ihr nächstes Ziel.

FÜR ALLE FÄLLE ...
Der Profiler Eddie „Fitz" Fitzgerald (gespielt von Robbie Coltrane) ist die Hauptfigur der beliebten Fernsehserie *Für alle Fälle Fitz*. Er kann sich hervorragend in die Psyche von Straftätern hineinversetzen, hat aber selbst gravierende persönliche Probleme. Profiler tragen ihre Meinung bei, aber die Ermittler verlassen sich nicht allein darauf, sondern entwickeln zusammen mit erfahrenen forensischen Psychologen methodische Ansätze für die Tätersuche.

VOLLTREFFER
1956 erstellte der Psychiater James A. Brussel ein Profil des „Mad Bomber", der New York seit Jahren terrorisierte. Demnach war der Bomber ein unauffälliger kräftiger Mann zwischen 40 und 50 Jahren, der sich gepflegt kleidete und wahrscheinlich mit älteren weiblichen Verwandten zusammenlebte. Schließlich verhaftete die Polizei George Metesky (oben), der mit seinen beiden älteren Schwestern eine Wohnung teilte. Das Profil stimmte sogar, was die Kleidung betraf – als Metesky abgeführt wurde, trug er einen adretten Anzug.

Polizeifotos von Lee Boyd Malvo

John Allen Muhammad

FEHLSCHLAG
Am 2. Oktober 2002 wurde ein Mann namens James Martin auf einem Parkplatz in Washington D.C. erschossen. Am nächsten Tag starben fünf Menschen durch dieselbe Waffe, und im Lauf der folgenden drei Wochen kam es zu weiteren vier Morden. Die Einwohner der Stadt lebten in Angst und trauten sich kaum mehr auf die Straße. Der beauftragte Profiler vermutete als Täter einen 30- bis 40-jährigen Mann mit weißer Hautfarbe. Am 24. Oktober wurde der Polizei ein verdächtiges Auto auf einem Parkplatz gemeldet. In ihm schliefen die Mörder – zwei schwarze Männer, keiner im angenommenen Alter. Der Haupttäter, John Allen Muhammad, war 41, sein Kompagnon Lee Boyd Malvo erst 17 Jahre alt.

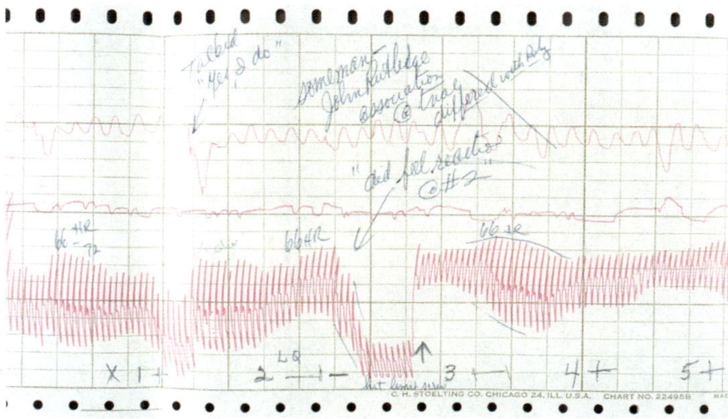

UNKLARES MOTIV
Jack Ruby, ein Nachtklub-Besitzer in Dallas (Texas/USA), tötete Lee Harvey Oswald, den Mörder Präsident Kennedys. Dass Ruby den Schuss abgegeben hatte, stand fest, sein Motiv war jedoch unklar. Er bestand auf einem Test mit dem Lügendetektor (oben), weil er glaubte, man werfe ihm vor, an einer Verschwörung beteiligt zu sein.

LÜGE ODER WAHRHEIT?
Hier wird ein Mann verhört, der an einen Lügendetektor angeschlossen ist. Sensoren registrieren dabei Puls, Blutdruck, Atemfrequenz und Schweißbildung – all dies wird aufgezeichnet. Damit man Vergleichswerte hat, stellt man anfangs harmlose Fragen, z. B. was der Mann zu Mittag gegessen hat. Anschließend wird er zur Tat befragt. Ein erhöhter Puls und Blutdruck sowie starkes Schwitzen interpretiert man als Anzeichen dafür, dass er nervös ist und lügt.

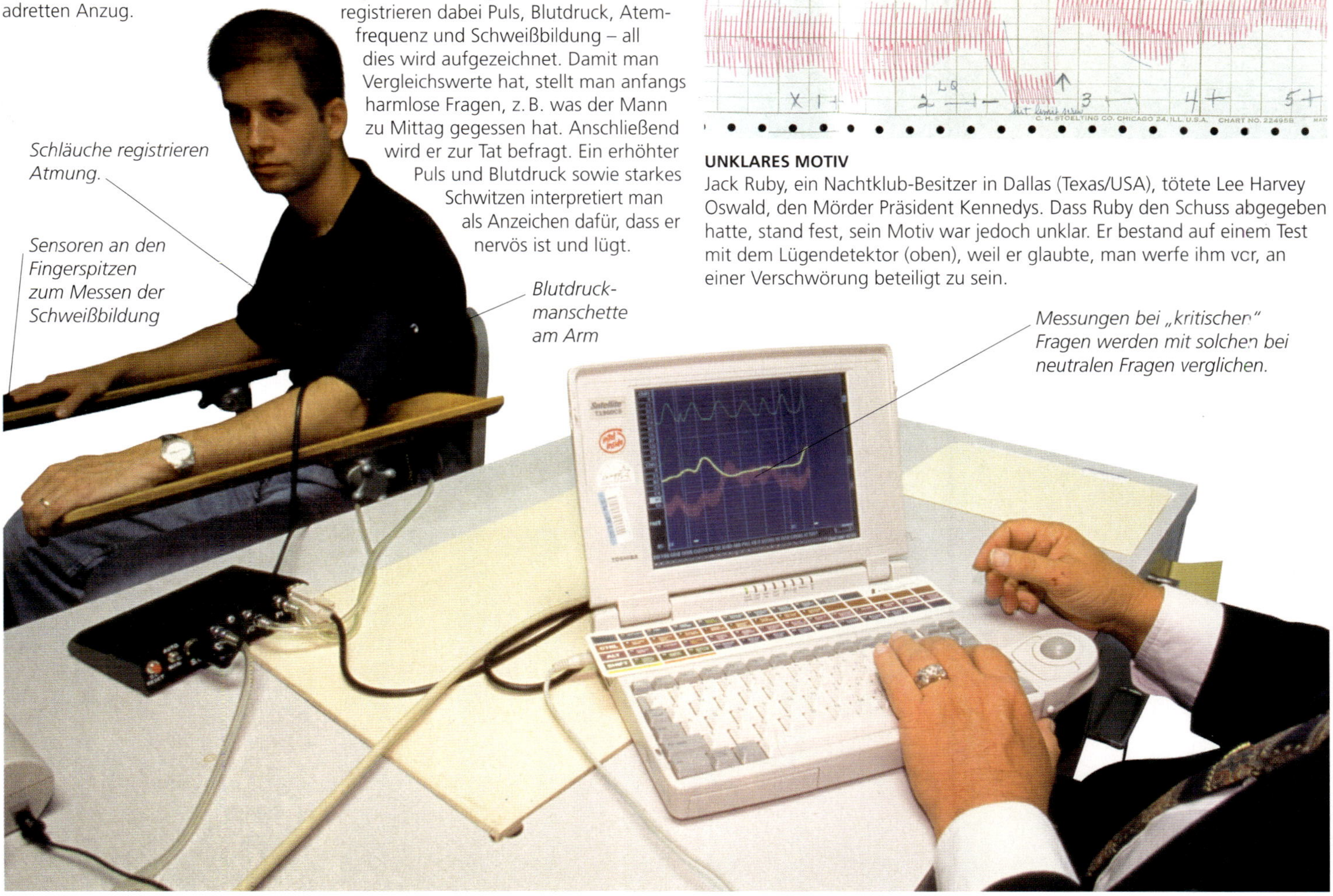

Schläuche registrieren Atmung.

Sensoren an den Fingerspitzen zum Messen der Schweißbildung

Blutdruckmanschette am Arm

Messungen bei „kritischen" Fragen werden mit solchen bei neutralen Fragen verglichen.

Brandermittlung vor Ort

Bei Bränden stellen sich den Ermittlern zwei Hauptfragen: Wie begann das Feuer und wie entwickelte es seine Zerstörungskraft? Bei absichtlich gelegtem Feuer spricht man von Brandstiftung. Oft sind dabei Brandbeschleuniger im Spiel. Brandstifter handeln zum Beispiel aus Zerstörungswut, aus Rachsucht oder Geldgier (weil sie die Versicherungssumme kassieren wollen), und manchmal sollen auch Straftaten durch einen Brand vertuscht werden. Die meisten Brände jedoch entstehen zufällig oder durch Unachtsamkeit. Man versucht in jedem Fall herauszufinden, wie das Feuer entstand, wie es sich ausbreitete und ob dabei gefährliche (das heißt leicht entflammbare) Stoffe eine Rolle spielten. Baustoffe und im Innern von Gebäuden verwendete Materialien sollten unbrennbar oder zumindest schwer entflammbar sein. Wurde dies beim Bau beziehungsweise bei der Ausstattung nicht berücksichtigt, kann sich ein Brand sehr schnell ausbreiten.

NACH DEM FEUER
Der oben gezeigte Raum wurde durch einen Brand verwüstet. Die Hitze hat die Fensterscheiben bersten lassen, und Feuer und Rauch haben das Mobiliar zerstört. Kriminaltechniker untersuchen nun, wie und wo das Feuer begann – ob es absichtlich gelegt wurde oder ob sein Ausbruch auf Fahrlässigkeit zurückzuführen ist. Der Heizlüfter in der Mitte könnte eine Rolle gespielt haben.

SCHNÜFFELN NACH SPUREN
Hier sucht ein Ermittler nach Spuren von Brandbeschleunigern – Flüssigkeiten, die ein Feuer schneller brennen lassen, wie z. B. Benzin, Petroleum oder Terpentin. Mit dem Gerät, das er in der Hand hat, wird Luft durch ein langes Rohr gesaugt und in einem „Miniaturlabor" analysiert. Finden sich bei dieser Gasanalyse Spuren von Brandbeschleunigern, liegt sehr wahrscheinlich ein Fall von Brandstiftung vor. Man sucht dann die Brandstätte gründlichst ab, sammelt weitere Proben und schickt sie zur detaillierten Analyse ins Labor.

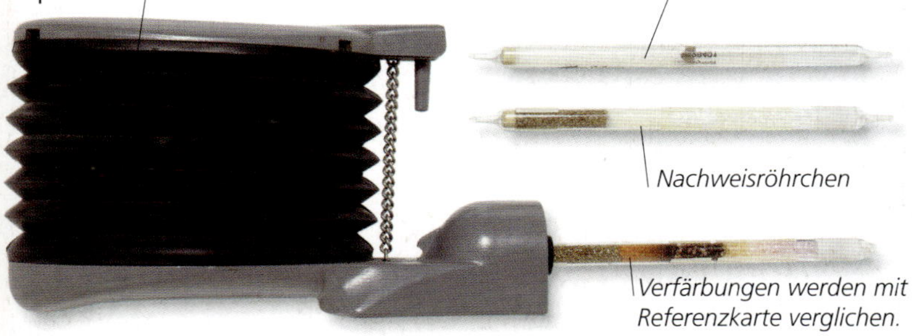

GASANALYSE
Oben ist ein Gerät zur Gasuntersuchung zu sehen. Es wird nach dem Hersteller Dräger-Röhrchen genannt und besteht aus einem mit dem Fuß zu bedienenden Pumpenkörper (Balg) und einem transparenten Röhrchen, das Chemikalien enthält. Ob ein Brandbeschleuniger im Spiel war, wird an bestimmten Verfärbungen im Röhrchen erkennbar.

FLASHOVER
Feuerwehrleute halten regelmäßig Übungen ab, u. a., damit sie frühzeitig erkennen können, wann bei einem Brand besondere Gefahren bestehen. Dieser übungshalber gelegte Brand hat ein gefährliches Ausmaß erreicht: Die Umgebung ist so stark aufgeheizt (auf 500–600 °C), dass nun jederzeit alles Brennbare im Umkreis in Flammen aufgehen kann, auch wenn kein direkter Kontakt mit dem Hauptfeuer besteht.

SELBSTENTZÜNDUNG
Angeblich gab es Fälle, in denen Menschen ohne ersichtlichen Grund plötzlich in Flammen aufgingen (wie hier auf einer Illustration zu Charles Dickens' Roman *Bleakhaus*). Es gibt jedoch keine Beweise für die Existenz dieses Phänomens.

ABGEBRANNT
Etliche Häuser in der Nähe des Öldepots Buncefield (rechts) wurden ein Raub der Flammen. Insgesamt 2000 Menschen mussten evakuiert werden, weil Gefahr bestand, dass der Brand auf Wohnsiedlungen im Umkreis übergriff. Der Großbrand in dem britischen Öllager gilt als größtes Brandereignis in Europa seit dem Zweiten Weltkrieg.

FLAMMENDES INFERNO
Diese riesige Rauchsäule erhob sich am 11. Dezember 2005 über dem brennenden Öldepot Buncefield im Südosten Englands. Die Katastrophe nahm ihren Anfang, als ein Benzintank beim automatischen Auffüllen überlief. Das Benzin floss in einen offenen Behälter, über dem sich bald eine Gaswolke bildete. Bemerkt wurde davon nichts, weil die Anlage in den frühen Morgenstunden noch unbemannt war. Es kam zu einer Explosion, die das gesamte Öllager verwüstete und bei der über 20 große Öltanks in Brand gerieten. Man befürchtete zunächst einen Terroranschlag, diesen Verdacht konnten die Ermittler jedoch bald ausschließen.

Brandermittlung im Labor

Eine Verbrennung ist eine komplizierte chemische Reaktion. Wenn ein Gegenstand brennt, reagiert das Material, aus dem er hergestellt ist, mit Sauerstoff aus der Luft. Dabei wird Hitze frei, und Rauch und Asche entstehen. Außerdem bilden sich unsichtbare und oft auch giftige Gase wie Kohlenmonoxid, Wasserstoffcyanid und Schwefeldioxid. Wenn Menschen im Feuer umkommen, dann entweder durch die starke Hitze oder weil sie Rauch und eventuell schädliche Gase eingeatmet haben. Der Rauch behindert außerdem die Sicht auf mögliche Fluchtwege aus dem brennenden Gebäude. Experten untersuchen im Labor nicht nur Proben von der Brandstätte, sie ermitteln auch, wie verschiedene Materialien brennen und welche besonders gefährlich sind, weil sie sehr leicht in Brand geraten oder giftige Gase abgeben. Daraus ziehen sie Schlüsse, wie man Gebäude so bauen und ausstatten kann, dass die Brandgefahr möglichst gering ist, und beraten zum Beispiel auch Baufirmen, die Wohnblocks, Hotels, Bürogebäude oder Einkaufszentren errichten, bei der Planung.

WIE FING ES AN?
Proben vom Brandort können wertvolle Hinweise auf die Ursache des Feuers geben. Sie werden z. B. auf Spuren von Brandbeschleunigern untersucht, die auf Brandstiftung hindeuten. Aufbewahrt werden die Proben in Glasbehältnissen mit Deckeln aus Kunststoff, die keinerlei Substanzen enthalten, die die Proben verunreinigen könnten.

Stück eines verkohlten Teppichs

WIE VIEL HITZE?
Kalorimeter sind Wärmemessgeräte. Mit diesem speziellen Kegelkalorimeter misst man die Wärmemenge, die Materialien bei der Verbrennung abgeben, und die Geschwindigkeit der Wärmeentstehung. Je mehr Wärme abgegeben wird und je schneller das geschieht, desto intensiver ist das Feuer und desto schneller greift es um sich. Man gibt eine Materialprobe in das Gerät, erhitzt sie, bis sie sich entzündet, und ermittelt dann am Computer, wie viel Energie dabei in welchem Tempo entsteht.

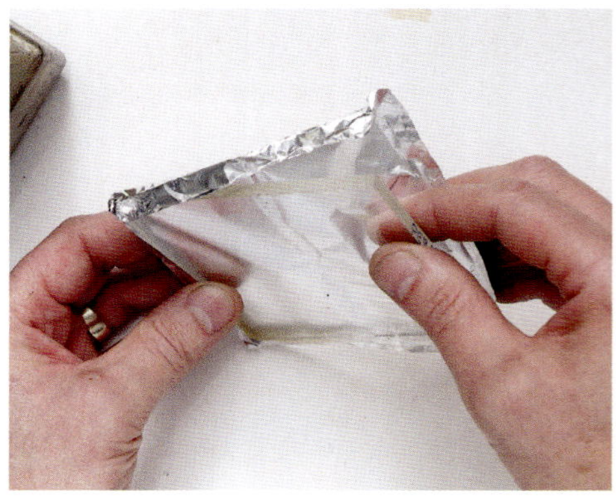

1 VORBEREITUNG Ein Stück Kunststoff soll in einem Kegelkalorimeter geprüft werden. Dazu wird eine Probe auf Aluminiumfolie gelegt. Die Folie dient dazu, Wärme von der Heizeinheit auf die Probe zu reflektieren.

WIE VIEL RAUCH?
Weil Rauch tödlich sein kann, ist es wichtig zu wissen, welche Materialien bei einem Brand besonders starken Rauch erzeugen. Getestet wird dies in einer Rauchdichtekammer. Eine Probe, z. B. ein Stück Teppich, wird auf einen Halter montiert (rechts). Dann wird eine Heizspirale bis zum Glühen erhitzt. Das Gerät zeichnet auf, wie lange es dauert, bis Rauch entsteht, und wann er am dichtesten ist. Die Rauchmenge wiederum wird ermittelt, indem man misst, wie stark der Rauch das Licht absorbiert.

Probenhalter

Regler

Probenkammer

Rotglühende Probe

Heizeinheit

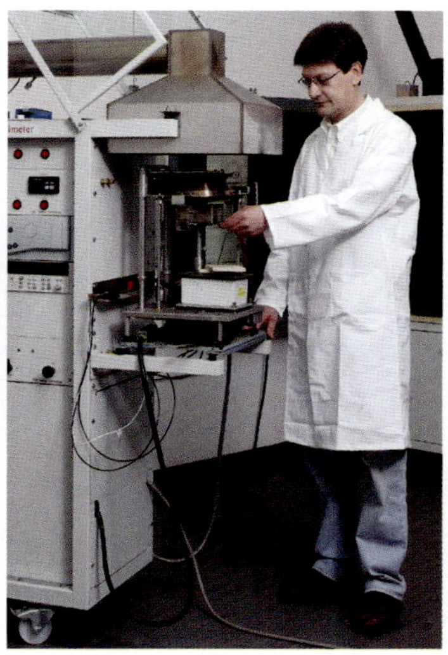

2 POSITIONIEREN Nun wird die Probe genau unter dem elektrisch beheizten Kegel positioniert. Anschließend öffnet der Bediener des Kalorimeters eine Klappe und setzt die Probe der intensiven Hitze aus.

3 ENTZÜNDEN Beim Erhitzen gibt der Kunststoff heiße Gase ab. Sobald deren Konzentration hoch genug ist, werden sie durch Funken entzündet, und Sensoren messen die dabei frei werdende Energie.

LEICHT BRENNBAR?
Ein Feuer in einem geschlossenen Raum (einem Zimmer oder Flur) verbraucht den in der Luft vorhandenen Sauerstoff. Gleichzeitig steigt im Raum die Temperatur. Ist sie hoch genug, beginnen die meisten Materialien in der Umgebung zu brennen, selbst wenn nur noch wenig Sauerstoff vorhanden ist. Wie viel Sauerstoff mindestens vorhanden sein muss, damit ein Material brennt, gibt der Sauerstoffindex an, der mit dem unten gezeigten Gerät ermittelt wird. Je kleiner der Index, desto weniger Sauerstoff ist zum Brennen nötig, und desto gefährlicher ist es, das betreffende Material für Gebäude, Möbel, Kleidung usw. zu verwenden.

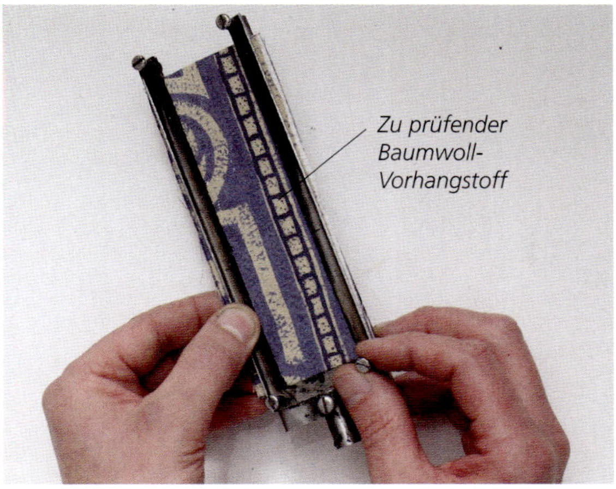

1 VORBEREITUNG
Ein Stück Baumwolle wird auf einem Halter befestigt und in das Gerät gelegt. Testen kann man damit z. B. Stoffe, die für Kleidung, Vorhänge oder Bezüge verwendet werden, aber auch andere Materialien, etwa die Plastikisolierungen elektrischer Leitungen.

2 ENTZÜNDEN
Die Probe kommt in ein verstärktes Glasrohr, durch das heiße Luft mit einem jeweils bestimmten Sauerstoffgehalt geleitet wird. Mit einem Gasanzünder wird die Probe entzündet. Über ihr befindet sich eine Abzugshaube, die die entstehenden (eventuell giftigen) Gase absaugt.

3 VERBRENNEN
Wenn die Probe heiß genug ist, brennt sie auch bei wenig Sauerstoff. Das Gerät registriert den Sauerstoffgehalt, bei dem sie gerade noch brennt: ihren Sauerstoffindex. Baumwolle hat einen relativ hohen Index von etwa 18, d. h., dass sie in Luft brennt, die 18 % Sauerstoff enthält – normal sind 21 %.

Unfallermittlung

Schwere Unfälle mit Fahrzeugen aller Art sowie Flugzeugabstürze, bei denen oft viele Menschen verletzt werden oder umkommen, werden immer polizeilich untersucht. Häufig ist menschliches Versagen oder ein technischer Defekt die Ursache, es kann sich aber auch um einen Terroranschlag handeln. Wichtig ist es in jedem Fall, die Ursache beziehungsweise den Verursacher zu ermitteln. Die Ermittler prüfen, ob eventuell Sicherheitsvorschriften nicht beachtet wurden, ob Konstruktionsfehler vorlagen oder ein bestimmtes Bauteil versagt hat, und sie versuchen, die Kette von Ereignissen zu rekonstruieren, die zu dem Unglück führten. Aufschluss geben können dabei beispielsweise Datenschreiber aus Verkehrsflugzeugen und Zügen, weil sie die Anzeigen aller wichtigen Instrumente und die Gespräche im Leitstand aufzeichnen.

Der Radarschirm zeigte, wie das Flugzeug mitten in der Luft zerrissen wurde.

Am rekonstruierten Rumpf fand man Spuren der Bombenexplosion.

VOLLBREMSUNG
An Bremsspuren erkennen die Ermittler nicht nur Art und Beladung eines Fahrzeugs, sondern auch, wie schnell es fuhr. Wenn Bremsspuren auf der falschen Fahrbahnseite beginnen, deutet das auf eine riskante Fahrweise hin. Beginnen sie erst kurz vor einem Hindernis, war der Fahrer vielleicht müde oder abgelenkt. Auch die Wetterverhältnisse spielen eine Rolle.

Die Bremsspur zeigt, dass das Auto ins Schleudern geriet.

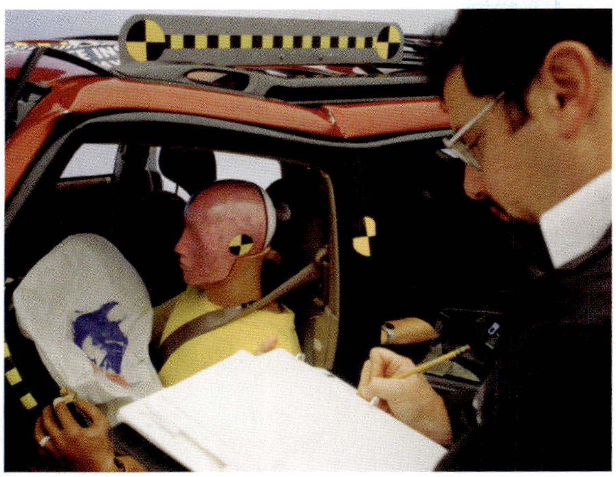

UNFÄLLE SIND SEIN BERUF
Der hier gezeigte „Fahrer“ hat dank Sicherheitsgurt und Airbag beim Aufprall keinen Schaden genommen. Es handelt sich um einen sogenannten Dummy, wie er bei Sicherheitstests von Autos verwendet wird. Aus diesen Tests geht z. B. hervor, dass sich der Schaden bei der Kollision bei einer Verdopplung der Geschwindigkeit vervierfacht. Im Testlabor werden auch Unfälle untersucht, indem man deren Hergang nachstellt.

Warnhinweis an die Bordbesatzung

Signalein- und -ausgang

Spannungsanzeige

Reflektierende Streifen erleichtern das Auffinden.

Zerstörungssicheres Gehäuse

LETZTE WORTE
Einen Flugschreiber bezeichnet man auch als „Blackbox“, er ist aber immer leuchtend rot, damit man ihn zwischen Wrackteilen leicht findet. Es gibt zwei Arten: Stimmenrekorder und Flugdatenschreiber. Hier ist ein Stimmenrekorder aus einem zerstörten Flugzeug zu sehen. Solche Geräte zeichnen die Gespräche im Cockpit auf (meist die letzten zwei Stunden). Flugdatenschreiber speichern Daten von den Instrumenten des Flugzeugs.

PAN-AM-FLUG 103
Am 21. Dezember 1988 explodierte über dem schottischen Ort Lockerbie eine Boeing 747, die sich auf dem Flug von London nach New York befand. Alle 259 Insassen der Maschine sowie 11 Einwohner von Lockerbie kamen bei dem Unglück um. Man fand heraus, dass eine Bombe im Frachtraum das Flugzeug zerrissen hatte. Im Zuge der Ermittlungen setzte man den Rumpf aus unzähligen Wrackteilen wieder zusammen.

Flugunfall-Ermittler

ENTGLEIST!
Am 3. Juni 1998 entgleiste in der Nähe der niedersächsischen Stadt Eschede ein ICE bei etwa 200 km/h Geschwindigkeit. Dabei kamen 101 Menschen um, 88 wurden schwer verletzt. Die Untersuchung des Unglücks ergab, dass wegen Materialermüdung ein Radreifen gebrochen war. Als der Zug dann über eine Weiche fuhr, kam es durch den Defekt zum Entgleisen der nachfolgenden Waggons. Sie prallten gegen die Pfeiler einer Brücke, die daraufhin einstürzte. Gegen zwei Mitarbeiter der Bahn und einen Ingenieur des Herstellers wurde Anklage wegen fahrlässiger Tötung erhoben, das Verfahren wurde jedoch später gegen Zahlung einer Geldbuße eingestellt.

Der große Knall

In einer Bombe entsteht bei einer chemischen Reaktion sehr heißes Gas unter hohem Druck, das mit Wucht die Hülle sprengt. Dabei ist die Zufuhr von Sauerstoff aus der Luft nötig, und das begrenzt ihre Kraft. Hochexplosive Sprengstoffe wie Dynamit enthalten den nötigen Sauerstoff bereits, sodass sich eine stärkere und schnellere Druckwelle ergibt. Meist befindet sich in Bomben ein leicht explodierender Initialsprengstoff, der den stärkeren, nicht so leicht explodierenden Sekundärsprengstoff (die Hauptsprengladung) zündet. Eine Bombe wird noch gefährlicher, wenn man sie mit einer harten Hülle, etwa einem Stahlrohr, umgibt oder Nägel um den Sprengstoff packt.

BOMBE IM BUS
Dieser Londoner Doppeldeckerbus wurde durch eine Bombe zerstört, die am 7. Juli 2005 im Heck des Oberdecks explodierte. An diesem Tag hatte es in London bereits drei Bombenanschläge in U-Bahn-Zügen gegeben. Wie sich später herausstellte, trug der Attentäter im Bus eine selbst gebastelte Bombe im Rucksack. Bei den vier Anschlägen kamen 56 Menschen um (darunter die Attentäter) und 700 wurden teilweise schwer verletzt.

Fetzen des Kofferfutters

KOFFERBOMBE
Diese Teile eines Koffers aus dem Wrack der Boeing, die im Dezember 1988 über dem schottischen Ort Lockerbie explodierte (siehe S. 53), wurden sorgfältig gesammelt und nummeriert. Nach genauer Untersuchung war man sicher, dass sich die Bombe, die das Flugzeug zerriss, in einem Kassettenrekorder in diesem Koffer befunden hatte. Der Koffer selbst hatte sich im Frachtraum des Flugzeugs befunden. Bruchstücke des Rekorders und Etiketten an zerfetzter Kleidung aus dem Koffer führten schließlich zu zwei Männern, die drei Jahre später, im November 1991, der Tat angeklagt wurden.

GUTE NASE
Hier macht ein für das Aufspüren von Sprengstoffen ausgebildeter Hund seinen Hundeführer auf einen verdächtigen Abfallbehälter in Jerusalem aufmerksam. Hunde schnüffeln nach Sprengstoff, wenn ein Anschlag erwartet wird, oder nach Spuren von Sprengstoff an Tatorten. Dabei sind sie allen bisher entwickelten Geruchsdetektoren überlegen.

VEREITELTE PLÄNE
In Fahrzeugen versteckte Bomben werden selten entdeckt, da geparkte Autos und Lkws keine Aufmerksamkeit erregen. Diese Gasbehälter wurden auf einem Lastwagen in einer kolumbianischen Stadt sichergestellt. Sie enthielten Gas, wie es normalerweise zum Heizen oder zur Beleuchtung dient. Da flüssiges Gas unter hohem Druck steht, handelte es sich um sehr stabile Behälter – die Bombe enthielt einen Zusatzsprengstoff, der sie zerrissen hätte.

Zerstörter hinterer Teil des Busses

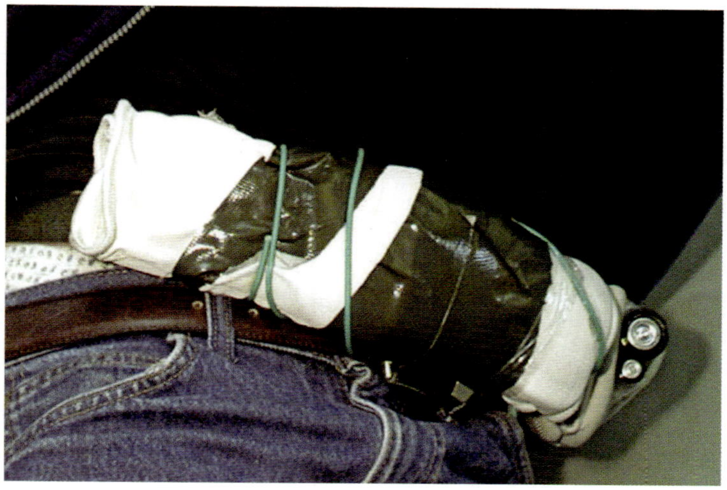

BOMBENGÜRTEL
Hier ist die Nachbildung einer Bombe zu sehen, die ein Selbstmordattentäter am Gürtel trug. Sie wird bei einer Schulung für Sicherheitspersonal eingesetzt. Gezündet werden solche Bomben durch einen Schalter in der Hand des Trägers. Will man dies verhindern, muss man ihn schnellstmöglich handlungsunfähig machen. Selbstmordattentate sind schwierig vorauszusehen, weil normalerweise nichts am Täter auffällig ist, allenfalls eine Beule unter der Jacke. Da solche Attentäter den eigenen Tod einkalkulieren, sind sie mit Gewaltandrohung nicht zu beeindrucken.

FERNZÜNDUNG
Diese Bombe wurde in einer Moschee in Hyderabad/Pakistan abgelegt, konnte aber rechtzeitig entschärft werden. Die beiden Aluminiumbehälter enthalten flüssigen Sprengstoff. Sie sind mit Plastikfolie umwickelt und mit Klebeband zusammengehalten. (Die Verbindungsdrähte sind hier teilweise durchtrennt.) Ein Funksignal, wahrscheinlich von einem Mobiltelefon, hätte die Zündung elektronisch ausgelöst. Raffinierte Zündmechanismen wie dieser geben oft mehr Aufschluss über den Täter als andere Teile der Bombe.

VORSICHT, FALLE!
Diese Schachtel enthält eine tödliche Bombe. Der Sprengstoff (in diesem Fall Semtex) befindet sich im Plastikbeutel links und ist durch Drähte mit einem Empfänger verbunden, der die Bombe bei Eingang eines Signals zündet. Hätte jemand die Schachtel zuvor geöffnet und damit die Mausefalle in der Mitte ausgelöst, wäre der Sprengstoff ebenfalls explodiert.

Funkempfänger

Mausefalle als Sprengfalle

Semtex

Behälter mit Sprengsatz

Teil des Zünders

Platine löst bei Empfang eines Signals die Bombe aus.

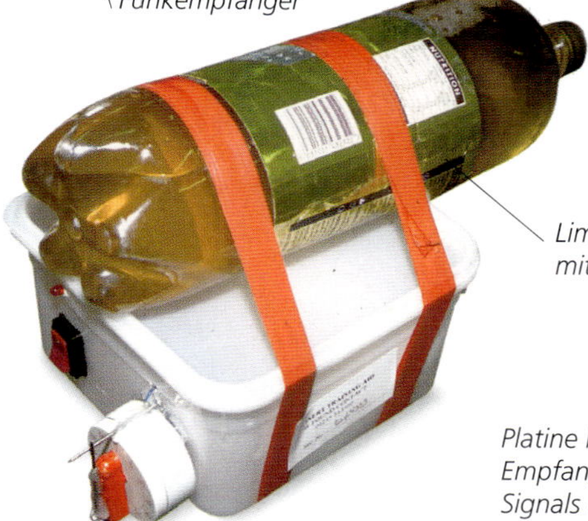

Limoflasche mit Benzin

BRANDBOMBE
Diese Bombe ist mit einer Plastikflasche voll Benzin kombiniert. Links am Behälter ist ein gewöhnlicher Küchenwecker angebracht, auf dem die Zeit bis zur Explosion eingestellt ist. Bei der Explosion zerstäubt der Sprengstoff das Benzin und entzündet es. Die Folge ist ein Brand, der verheerende Ausmaße annehmen kann.

DER PENTAGON-HACKER
Hacker nennt man Personen, die über ein Netzwerk unerlaubt in fremde Computer eindringen. Dem Schotten Gary McKinnon (rechts) gelang es vor einigen Jahren, sich Zugang zu Computern der amerikanischen Raumfahrtbehörde NASA und des Pentagon zu verschaffen. Dabei soll er allein im Pentagon 97 Computer „durchforstet" haben. Nach eigenen Angaben ging es ihm aber nicht um militärische Details, sondern um Informationen über UFOs.

Computerforensik

Heute kann man im Internet weltweit Kontakte knüpfen, Geschäfte machen oder einkaufen. Auch in dieser digitalen Welt gibt es Kriminalität. Straftäter verschaffen sich per Computer Zugang zu fremden Bankkonten, Spam-Mails preisen betrügerische Geschäfte an, Jugendliche werden beim Chatten von Erwachsenen, die sich als Teenager ausgeben, zu gefährlichen Handlungen verleitet, und Terroristen tauschen sich über Bombenbau aus. Das Internet ist aber nicht so anonym, wie viele denken. Man kann zum Beispiel den ungefähren Standort eines Computernutzers ermitteln, der eine verdächtige Internetseite besucht, und auch die Position eines Mobiltelefons lässt sich lokalisieren. Wer sich im Cyberspace bewegt, hinterlässt an vielen Stellen Informationen. Diese „elektronischen Spuren" nutzen Ermittler, um Verbrecher ausfindig zu machen.

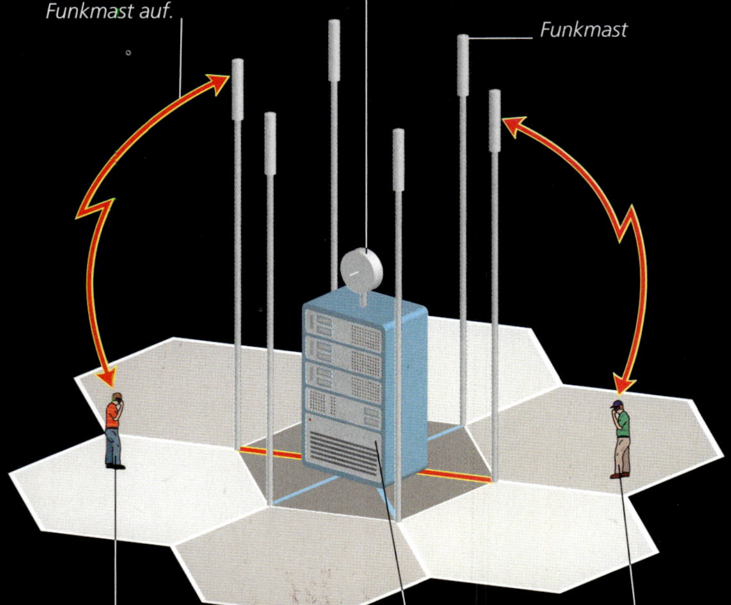

HANDYNUTZER IM VISIER
Mobiltelefonnetze sind in Zellen unterteilt, annähernd sechseckige Gebiete. An den Punkten, an denen drei Zellen aneinandergrenzen, stehen Funkmasten. Beim Telefonieren sind Anrufer und Angerufener mit dem jeweils nächstgelegenen Funkmast verbunden, und die Funkmasten wiederum sind mit einer digitalen Vermittlungsstelle verbunden. Es wird registriert, welcher Funkmast jeweils „angesprochen" wird, und daraus kann man ableiten, in welchen Zellen sich die Gesprächsteilnehmer aufhalten.

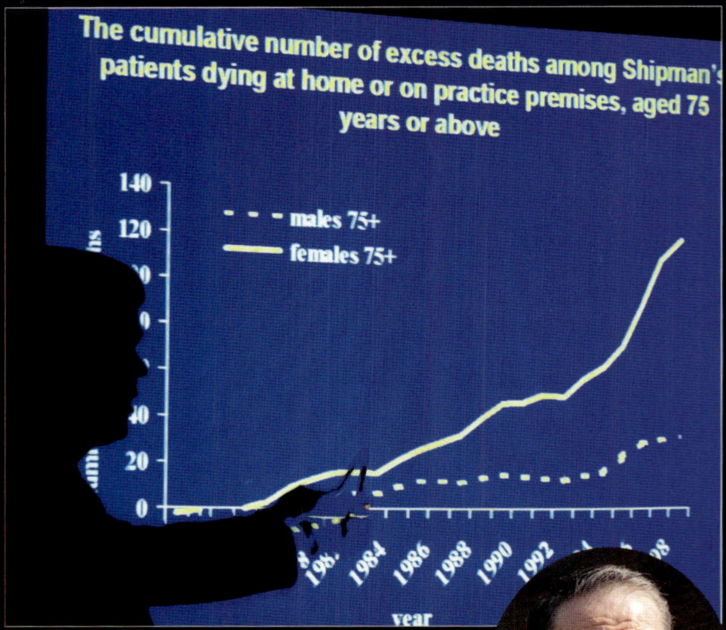

DR. TOD
Sein eigener Computer wurde einem der aktivsten Serienmörder aller Zeiten zum Verhängnis. Der britische Arzt Harold Shipman (rechts) soll im Verlauf von 20 Jahren 250 Patienten mit Medikamenten getötet haben. Um Spuren zu beseitigen, ließ er die Toten einäschern. Außerdem änderte er Daten in seinem Computer, um den Anschein zu erwecken, er habe die Patienten völlig korrekt behandelt. Ihm war nicht bewusst, dass Kopien der ursprünglichen Datensätze weiterhin verborgen auf der Festplatte existierten. Diese Datensätze rekonstruierte man, nachdem aufgefallen war, dass außergewöhnlich viele von Dr. Shipmans Patienten verstorben waren (siehe Grafik oben). Sein Motiv war vermutlich der Wunsch, Herr über Leben und Tod zu sein. Allerdings fälschte er auch das Testament eines seiner Opfer und setzte sich selbst als Erben ein.

VORSICHT IST GEBOTEN
Wenn ein Ermittler die Festplatte aus dem Computer eines Verdächtigen entfernt, hält er sich an bestimmte Regeln, damit er nicht versehentlich Spuren vernichtet. So müssen z. B. alle Druckvorgänge abgeschlossen werden, weil vielleicht vor dem Löschen Dateien ausgedruckt wurden. Der Computer darf nicht eingeschaltet sein, weil er sonst ferngesteuert und manipuliert werden könnte. Und natürlich sucht der Ermittler den Arbeitsplatz nach Zetteln mit Notizen ab, die Passwörter sein könnten.

INFEKTIONSGEFAHR
Ein unerwarteter Anblick auf dem Bildschirm (z. B. ein Totenkopf, links) – und der Benutzer weiß, dass ein Virus seinen Computer befallen hat. Computerviren sind Programme, die sich selbst über das Internet oder über E-Mail verbreiten (bei Mobiltelefonen spricht man von Handyviren). Im besten Fall wird nur eine Grafik oder Nachricht angezeigt, die den Benutzer erschreckt. Viren können aber auch Datenbestände zerstören, das Betriebssystem lahmlegen oder installierte Programme unbrauchbar machen. Manchmal richten sie großen wirtschaftlichen Schaden an, weil die „verseuchten" Computer aufwendig repariert werden müssen.

INTELLIGENTE KARTEN
Chipkarten (Kredit-, Patientenkarten usw.) sind aus unserem Alltag nicht mehr wegzudenken. Sie bestehen aus Kunststoff, in den ein Mikrochip eingebaut ist. Das Gehirn einer solchen Karte ist ein Mikroprozessor: ein winziger Computer. Er ist in eine Aussparung in der Plastikkarte eingeklebt. Darüber liegt eine kleine Platine, deren Kontakte die Verbindung z. B. mit einem Geldautomaten oder einem Kartenlesegerät herstellen. Der Mikrochip enthält Angaben über den Besitzer der Karte, außerdem beispielsweise Konto- oder andere Informationen, die der Prozessor verschlüsselt, sofern es sich um „kritische" Daten handelt. Gerät eine Kreditkarte in die falschen Hände, kann der neue „Besitzer" sie nur dann nutzen, wenn er die erforderliche Geheimzahl (PIN) kennt.

Spuren auf Papier

Kriminaltechniker müssen häufig Dokumente aus Papier untersuchen, zum Beispiel Erpresser- und Drohbriefe oder gefälschte Schecks. Dabei stellen sie unter anderem Vergleiche von Handschriften und auch Unterschriften an. Als man Briefe noch auf der Schreibmaschine tippte, konnten die Ermittler anhand kleiner Fehler an einzelnen Buchstaben die verwendete Maschine identifizieren. Heute sind es winzige Merkmale auf Ausdrucken und Kopien, die auf den benutzten Drucker beziehungsweise Fotokopierer hinweisen. Mit bloßem Auge sind sie kaum zu sehen. Auch mit Banknoten hat die Polizei häufig zu tun, in der Regel mit gefälschten. Banknoten sind heutzutage mit zahlreichen Sicherheitsmerkmalen versehen, die nur schwer oder gar nicht zu fälschen sind. Dennoch kommen Fälschungen vor, und manche sind so gut, dass nur erfahrene Experten sie identifizieren können.

GEHEIMZEICHEN
Manche Drucker markieren inzwischen die ausgegebenen Seiten mit einem bestimmten, für das bloße Auge nicht erkennbaren Code, der es möglich macht festzustellen, wann und wo das jeweilige Dokument gedruckt wurde. Hilfreich ist das bei der Verfolgung von Straftaten, bei denen die Täter im Vorfeld, etwa bei der Planung eines großen Betrugs oder Terroranschlags, Dokumente erstellen und ausdrucken.

MIKROPUNKTE
Dieser Druckercode besteht aus winzigen gelben Punkten, die über die Seite verteilt sind. Am besten sind sie mit einer Lupe unter blauem Licht zu sehen.

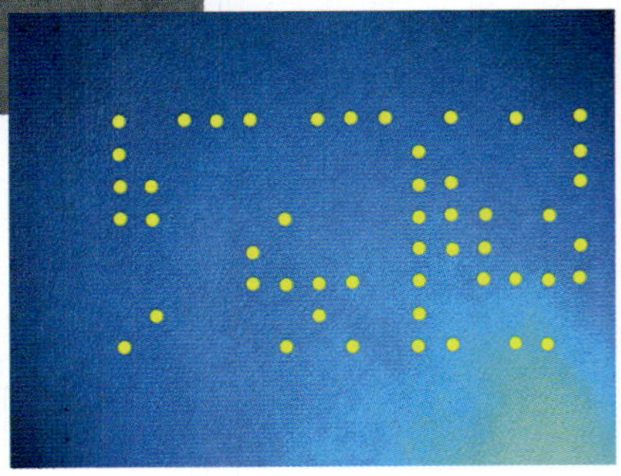

BOTSCHAFT AUS PUNKTEN
Dieser Code (eine Vergrößerung des oberen Blatts) besteht aus Punkten in 15 Spalten und 8 Zeilen. Entschlüsselt gibt er Datum, Zeit und Druckerkennung an.

EINE HARTE NUSS FÜR FÄLSCHER
Zum Fälschen von Banknoten werden oft Farbkopierer benutzt. Viele Merkmale echter Scheine lassen sich damit jedoch nicht reproduzieren. Banknoten sind z. B. auf Spezialpapier gedruckt, und wenn man mit einem Prüfstift eine kleine Markierung darauf anbringt, erscheint die Druckfarbe bei einem echten Schein golden (bei Euroscheinen hell), bei einer Fälschung dagegen dunkel. Die Wasserzeichen und eingebetteten Sicherheitsfäden echter Banknoten kann man ebenfalls nicht kopieren, und die Muster auf Vorder- und Rückseite sind exakt ausgerichtet – auch das ist schwer nachzumachen.

DURCHSICHTSREGISTER
Wenn man den Schein ins Licht hält, ergänzen sich bei einer echten Banknote die unvollständigen £-Zeichen auf Vorder- und Rückseite.

UV-LICHT
Im UV-Prüfgerät wird auf diesem echten Schein die Zahl 20 in roten und grünen Punkten wiedergegeben. Auch an anderen Stellen gibt es solche Muster.

WASSERZEICHEN
Im Durchlicht wird ein Hintergrundbild sichtbar. Es zeigt Königin Elisabeth II. und die Zahl 20.

HOLOGRAMM
Unter verschiedenen Winkeln betrachtet, erscheint an dieser Stelle entweder ein Gesicht oder das Symbol £ und die Zahl 20.

PAPIERQUALITÄT
Für Banknoten wird spezielles Papier verwendet, das sich anders anfühlt als eine Fälschung auf herkömmlichem Papier.

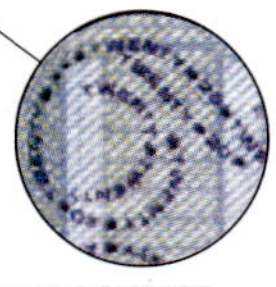

MIKROSCHRIFT
Mit der Lupe sind an dieser Stelle winzige Zeichen zu sehen: der Wert des Scheins in Buchstaben und Ziffern.

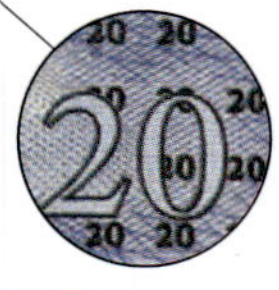

DRUCK
An einigen Stellen einer Banknote ist die Schrift als Relief ertastbar, z. B. diese 20.

DURCHGEDRÜCKT

Kriminaltechniker können Schriftspuren auf Papier sichtbar machen, die man mit bloßem Auge nicht erkennt. Beim Schreiben von Hand auf einem Block drücken sich die Buchstaben auf die folgenden Blätter durch. Am deutlichsten sind sie auf dem Blatt unmittelbar darunter. Hat der Schreiber sehr fest aufgedrückt, kann man die Schreibdruckspuren auch noch auf den nächsten Blättern nachweisen. Zum Lesen solcher Spuren setzt man Geräte zur elektrostatischen Ermittlung ein.

1 SCHICHT AUF SCHICHT
Das Blatt wird auf eine Metallplatte oben am Gerät gelegt, darüber kommt eine Folie. Durch kleine Löcher in der Platte wird die Luft abgesaugt, sodass Folie und Papier sich fest an die Platte drücken.

2 ELEKTRISCH AUFLADEN
Nun führt man eine Hochspannungselektrode über die Folie und lädt sie elektrisch auf (ähnlich wie statische Aufladung im Haar). Wo durch Eindrücke kleine Lücken zwischen Folie und Papier sind, ist die Aufladung besonders stark.

3 TONER UND ... FERTIG!
Dann wird ein tonerähnliches Pulver auf die Folie gestreut. Es lagert sich an den Stellen mit der größten Aufladung ab und macht so – nachdem man den Überschuss entfernt hat – die Schrift deutlich sichtbar (rechts).

Brüchige, teils zerfallene Schriftrollen

SCHRIFTROLLEN VOM TOTEN MEER

Im Jahr 1947 fand man in Höhlen an der Küste des Toten Meers Schriftrollen mit Bibeltexten. Um herauszufinden, ob es sich um Originale aus der Entstehungszeit der Bibel handelte, bediente man sich einer Methode namens Radiokarbon-Datierung. Dabei wird der Gehalt eines Materials an radioaktivem Kohlenstoff gemessen. Es zeigte sich, dass die Schriften zwischen dem 2. Jh. v. Chr. und dem 1. Jh. n. Chr. verfasst wurden – eine Fälschung konnte somit ausgeschlossen werden.

HITLERS TAGEBÜCHER

1981 berichtete ein Journalist des *Stern* (ganz links) seinem Verleger von neu aufgetauchten Tagebüchern Adolf Hitlers. Schriftsachverständige und ein Historiker hielten sie für echt, der *Stern* zahlte eine hohe Summe dafür und begann, sie zu veröffentlichen. Eine spätere Untersuchung ergab, dass Papier, Tinte und Bindung nicht aus der Zeit Hitlers stammten. Der Fälscher Konrad Kujau und der Journalist wurden wegen Betrugs verurteilt.

Toner macht die Schrift sichtbar.

Kunst oder Fälschung?

Das entscheidende Kriterium für den Wert eines Kunstwerks ist seine Echtheit. Selbst ein schwächeres Bild eines berühmten Künstlers erzielt einen höheren Preis als ein hervorragendes, aber gefälschtes Gemälde. Das bloße Auge mag ein Fälscher täuschen, Röntgenstrahlen und Infrarotlicht kann er nicht überlisten. Bilder, bei denen der Verdacht auf Fälschung besteht, werden deshalb mit Licht unterschiedlicher Wellenlängen untersucht. Zu den bekanntesten Kunstfälschern im 20. Jahrhundert gehören der Niederländer Han van Meegeren und der Brite Tom Keating, die unter anderem Bilder alter Meister reproduzierten. Ohne moderne Materialien zu verwenden, ist das nicht einfach. Dank Fortschritten in der Kriminaltechnik kann man gefälschte Gemälde heute aber leichter erkennen als früher. Und Gemälde sind nicht die einzigen Kunstwerke, die kopiert werden – auch von Fotos, Keramik und Statuen gibt es Fälschungen.

EIN „JUNGER MEISTER"
Tom Keating gab an, im Laufe seines Lebens etwa 2000 Bilder gefälscht zu haben. Weil er der Ansicht war, seine eigenen Gemälde bekämen nicht die verdiente Anerkennung, fälschte er Bilder aus unterschiedlichen Epochen (vom 16. bis zum 20. Jh.). Dabei hatte er nach eigener Aussage stets kleine Hinweise „eingebaut", indem er z. B. moderne Farben verwendete oder bewusst historische Details veränderte. Weil er sehr krank war, entging er einer Verurteilung wegen Betrugs. Nach seiner Entlarvung stieg der Wert seiner eigenen Bilder wie auch der zahlreichen Fälschungen.

EIN ECHTER VAN MEEGEREN
Sachverständige wiesen nach, dass dieses Bild im Stil des niederländischen Malers Jan Vermeer (1632–1675) eine Arbeit des Fälschers Han van Meegeren ist. Er gab bereitwillig zu, ein Fälscher zu sein, denn man warf ihm vor, während der Besatzungszeit im Zweiten Weltkrieg Gemälde aus dem nationalen Kulturgut der Niederlande an führende Nazis verkauft zu haben. Zum Beweis, dass er in der Lage war, alte Bilder perfekt zu fälschen, reproduzierte er ein Gemälde und legte es bei Gericht vor. Infolgedessen wurde er nicht wegen Verrats, dafür aber wegen Fälschung angeklagt.

SUCHE NACH UNSICHTBAREM
Hier richtet ein Techniker einen starken Scheinwerfer auf ein Ölbild. Er bestrahlt es mit sichtbarem Licht (der helle Fleck) und Infrarotlicht (das größere Wellenlängen hat als sichtbares Licht). Die aufgestellte Kamera enthält einen Spezialfilm für Infrarotlicht. Macht man damit ein Foto, so zeigt dies Details, die sonst nicht sichtbar sind, z. B. Korrekturen und Veränderungen. Mit Infrarotlicht lässt sich auch klären, ob die verwendeten Farben typisch für den jeweiligen Künstler sind, d. h., ob das Bild in dieser Hinsicht echt sein kann. Röntgenstrahlen dringen unter die Oberfläche des Gemäldes und zeigen, ob z. B. ein Riss durch alle Farbschichten geht. Ist das nicht der Fall, ist das Bild wahrscheinlich gefälscht.

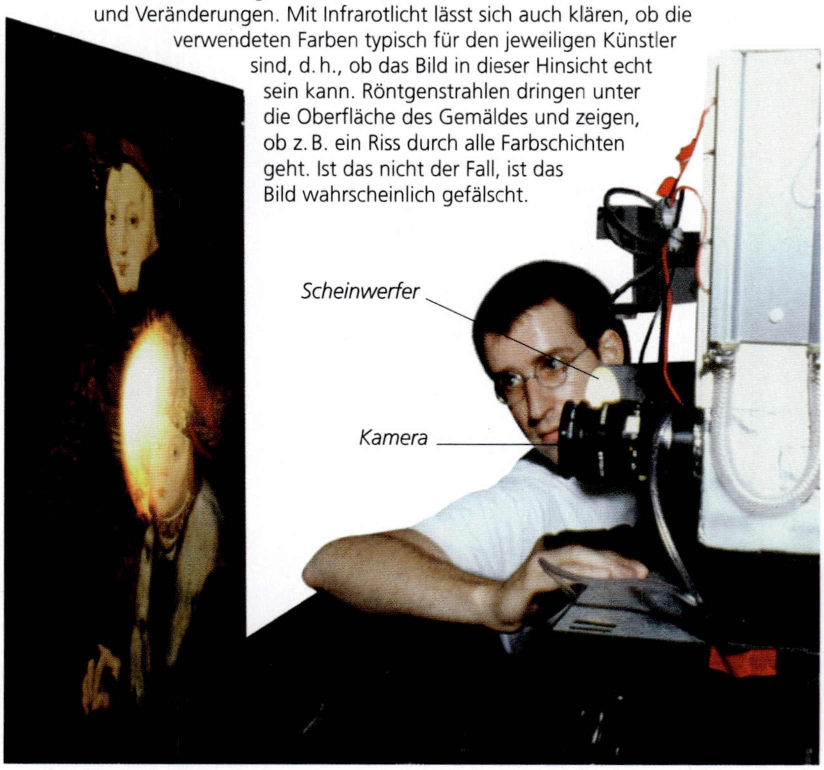

FAST ECHTE FEEN
Auf dem Foto links schaut die 10-jährige Frances Griffiths verträumt einer Gruppe tanzender Feen zu. Das Foto nahm im Jahr 1917 ihre damals 16-jährige Cousine Elsie Wright auf, und es machte weltweit Schlagzeilen. Viele waren überzeugt, dass auf dem Foto echte Feen zu sehen waren – auch Arthur Conan Doyle, der Schöpfer von Sherlock Holmes (siehe S. 9). Er veröffentlichte Artikel darüber und 1922 sogar ein Buch. Die Mädchen wurden eingehend befragt, behaupteten aber steif und fest, das Foto mit den Feen sei echt. Erst 1980 gab Elsie Wright als alte Frau zu, sie und ihre Cousine hätten die Feen aus einem Buch ausgeschnitten und mit Hutnadeln so fixiert, als würden sie schweben. Frances Griffiths hingegen behauptete bis zu ihrem Tod, echte Feen gesehen zu haben.

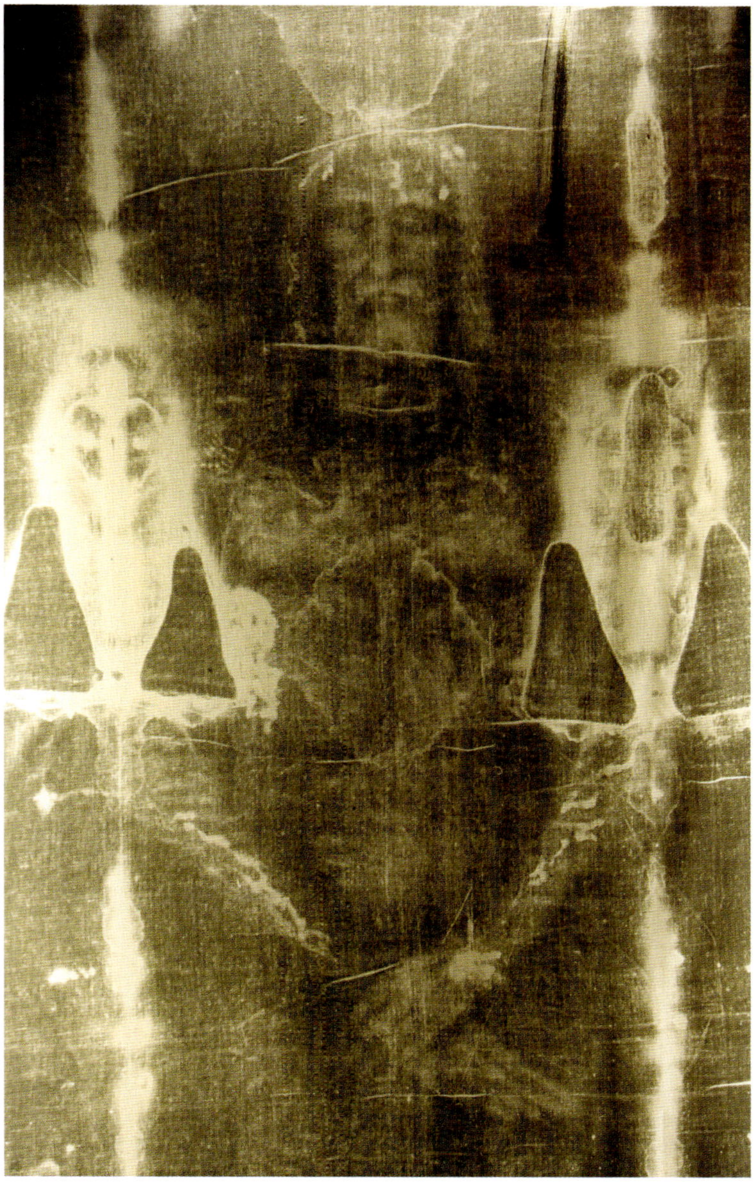

GESPEICHERTE ENERGIE
Diese afrikanische Figur aus Terrakotta (gebranntem Ton) ist vermutlich mehrere hundert Jahre alt und daher sehr wertvoll. Durch Messung der Thermolumineszenz kann ihr Alter bestimmt werden. Ton speichert Energie aus natürlicher Radioaktivität. Beim Brennen des Tons wird diese Energie frei, danach wird erneut Energie gespeichert. Wenn man später eine Probe des Tons erhitzt, wird die bis dahin gespeicherte Energie als Licht frei. Je mehr Licht entsteht, desto mehr Zeit ist vergangen, seit die Figur hergestellt wurde.

DAS TURINER GRABTUCH
Dieses Leinentuch (links) wurde jahrhundertelang als das Grabtuch verehrt, in das Jesus nach seinem Tod gewickelt war. Das Abbild eines menschlichen Körpers auf dem Stoff sollte entweder durch ein Wunder oder auf natürliche Weise entstanden sein. Man schickte Stücke vom Rand des Tuchs zur Analyse an unabhängige Labors und ließ Radiokarbon-Datierungen vornehmen. Sie ergaben eine Entstehungszeit zwischen 1260 und 1390 n. Chr. Auch andere Hinweise, wie z. B. die Webart des Stoffs, deuten auf eine Entstehung in dieser Zeit hin.

Kriminaltechnik der Zukunft

Bald wird die Wissenschaft der Kriminalistik neue Möglichkeiten eröffnen, sodass die Polizei durch umfassende Überwachung Straftaten leichter aufklären kann. Es könnte sein, dass in naher Zukunft alle Bewegungen von Verdächtigen grundsätzlich aufgezeichnet werden. Verborgene Informationen auf digitalen Fotos, Festplatten und Ähnlichem könnten Auskunft geben, wann sich eine bestimmte Person wo aufgehalten hat, und biometrische Daten (Gesichts- oder Iriserkennung) könnten routinemäßig erfasst werden. Derzeit werden solche Informationen meist nur für Personen gesammelt, die mit dem Gesetz in Konflikt kommen. Bald jedoch werden sie vielleicht für alle registriert. Wollen wir das wirklich? – Es ist nicht leicht, die Balance zwischen der notwendigen Bekämpfung von Straftaten einerseits und den persönlichen Freiheitsrechten andererseits zu wahren.

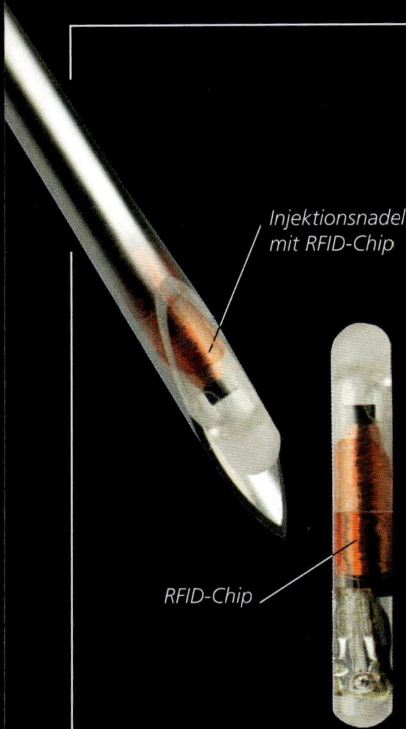

UNTER DER HAUT
Ein winziger Chip zur Funkidentifizierung (RFID-Chip genannt) kann als Implantat unter die Haut injiziert werden, er dient zur Identifizierung und Lokalisierung des Betreffenden. In Großbritannien beispielsweise erwägt man, Straftäter nicht mehr ins Gefängnis zu schicken, sondern unter Hausarrest zu stellen und sie mithilfe eines solchen Implantats zu überwachen.

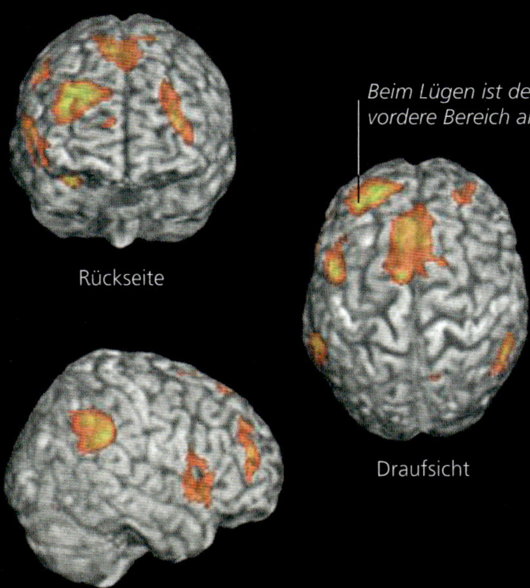

LÜGEN IM GEHIRN
Durch funktionelle Magnetresonanz kann die Funktionsweise des Gehirns untersucht werden. Die untersuchte Person wurde aufgefordert, manchmal zu lügen, während die Hirnaktivität beobachtet wurde. Rote und gelbe Markierungen zeigen, welche Gehirnbereiche dabei aktiv sind. Denkbar ist, dass man eines Tages bei Verhören Hirnscanner nutzt und so feststellt, ob der Verdächtige lügt.

Computer rechnet Irismuster in Zahlen um.

SCHAU MIR IN DIE AUGEN, KLEINES ...
Das Bild rechts zeigt die Iris eines Auges, die zwecks Identifizierung gescannt wird. Die Iris ist der farbige Bereich um die dunkle Pupille; sie ist bei jedem Menschen anders. Beim Scannen tastet ein schwacher Laserstrahl die Iris ab und analysiert sie in acht runden Segmenten. Die Farbmuster eines jeden Segments werden in ein Helldunkel-Muster „umgerechnet" und als Zahlenkombination (ganz oben) in einer Datenbank gespeichert. Man kann Irismuster fälschen, z. B. mit speziellen Kontaktlinsen, es gibt aber Methoden, solche Fälschungen zu entdecken. In dem Science-Fiction-Film *Minority Report* sind allerorts Irisscanner installiert. Um sich eine neue Identität zu verschaffen, lässt sich der Protagonist John Anderton neue Augen einsetzen. Mit Irisscans kann man Straftäter identifizieren, die Methode ist aber nur dann hilfreich, wenn der Scanner mit einer Datenbank verbunden ist, in der Information zu bereits begangenen Straftaten des Betreffenden gespeichert ist. Ist das nicht der Fall oder sind die Angaben in der Datenbank manipuliert, wäre auf diese Weise erhaltene Information wertlos.

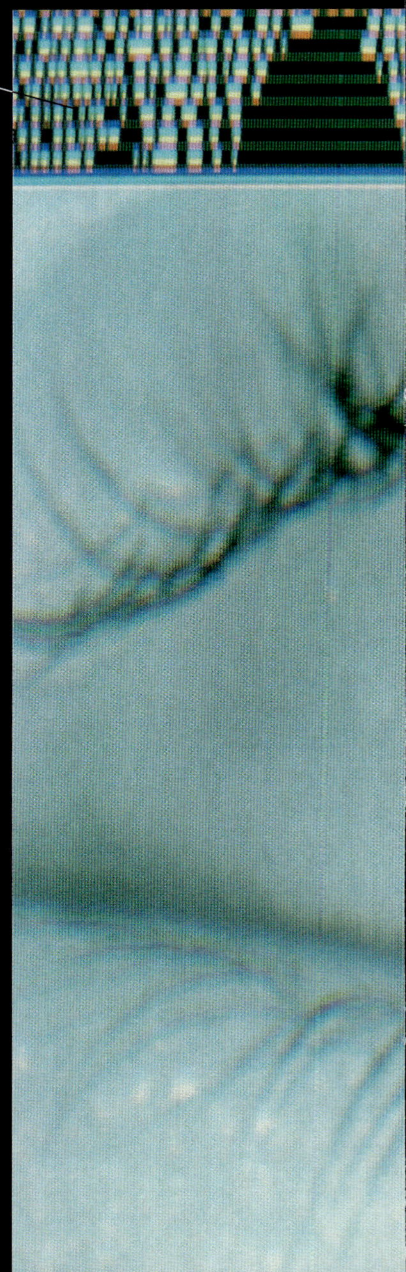

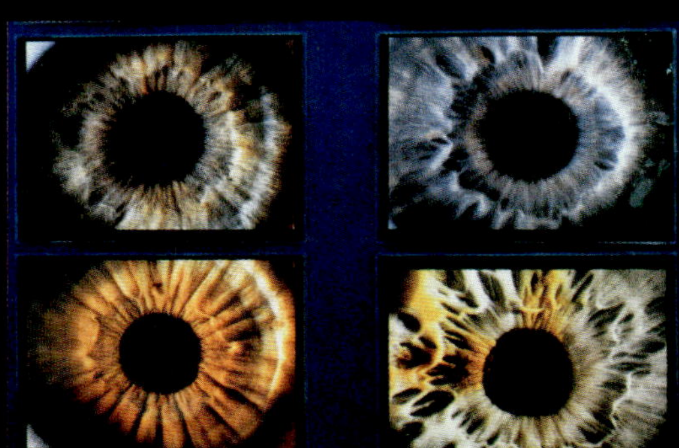

IRISMUSTER
Die Iris weist viele für die jeweilige Person charakteristische Details auf und ist damit fast markanter als ein Fingerabdruck. Sie bleibt, wie auch der Fingerabdruck, lebenslang unverändert. Per Computer lässt sich das Irismuster in Sekundenschnelle analysieren und mit einer Datenbank abgleichen.

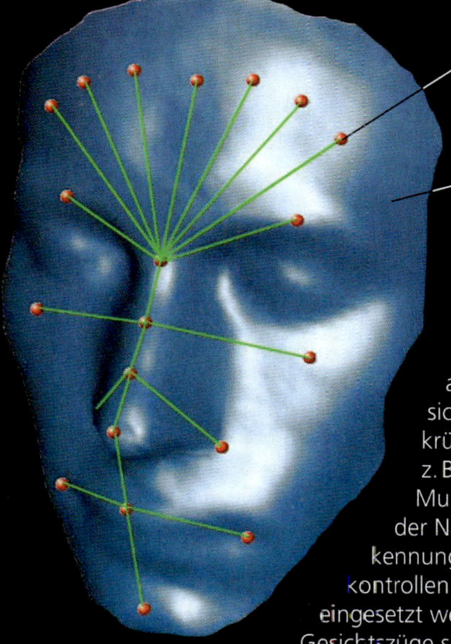

GESICHTSERKENNUNG
Gesichter kann man biometrisch erfassen. Dabei werden Linien auf das Gesicht projiziert. Man analysiert per Computer, wie sie sich dabei durch die Gesichtsform krümmen, und misst Abstände, z.B. zwischen den Augen und den Mundwinkeln, sowie die Länge der Nase. Methoden der Gesichtserkennung können sowohl bei Sicherheitskontrollen wie auch zur Identifizierung eingesetzt werden. Die Tatsache, dass die Gesichtszüge sich im Lauf des Lebens verändern, erschwert jedoch die Identifizierung.

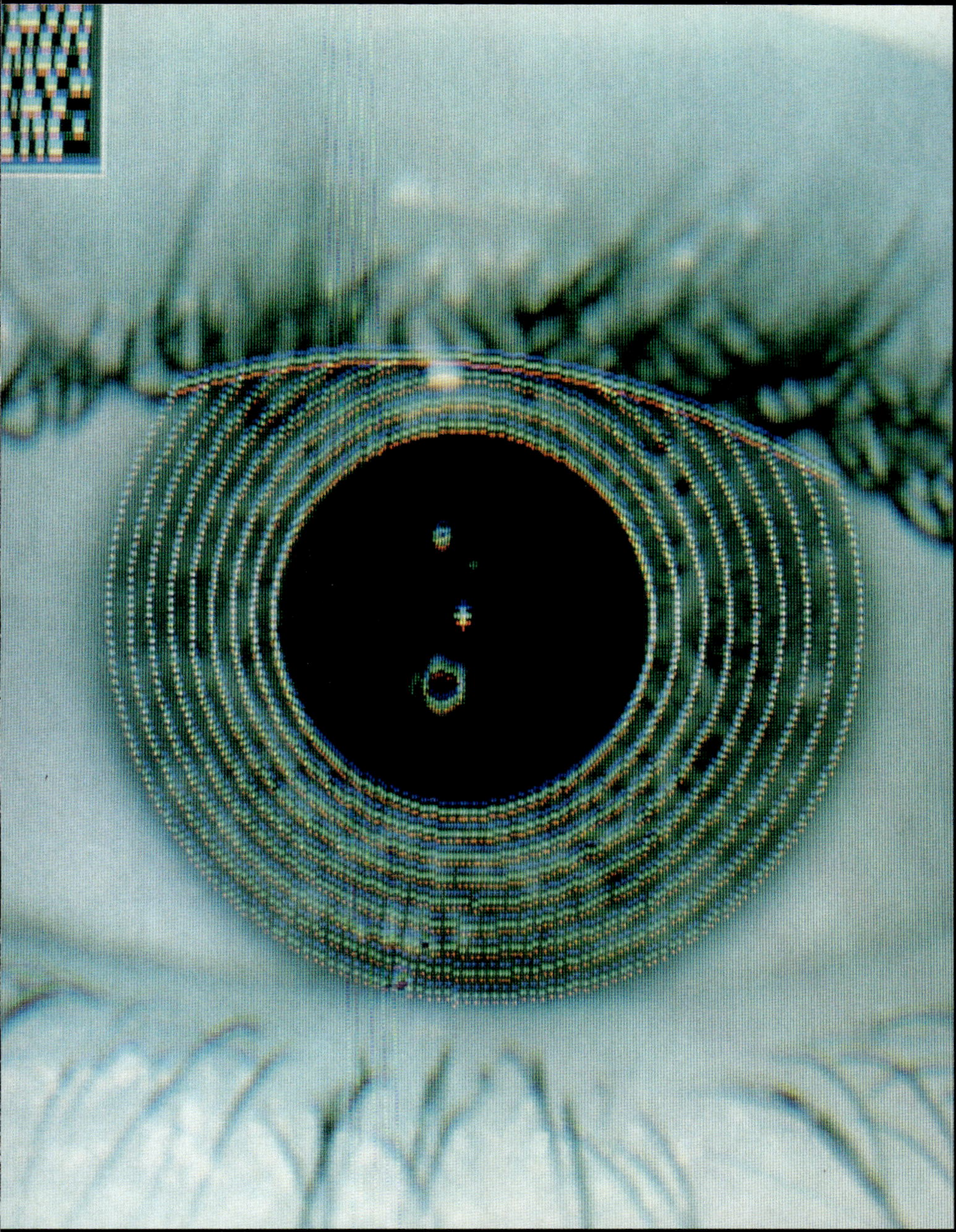

VERKEHRSKONTROLLE
Überwachungskameras an Straßen registrieren den Verkehr in London. Sie stehen vor allem an Zufahrtsstraßen zur Innenstadt, für deren Befahren inzwischen eine Gebühr (City Maut) erhoben wird. Die Kameras sind mit Computern verbunden, die die Kennzeichen der vorbeifahrenden Autos erkennen und speichern. Wird das Kennzeichen eines Fahrzeugs erkannt, dessen Halter sich um die Gebühr gedrückt hat, bekommt er einen Bußgeldbescheid. Nicht nur in London versucht man, durch die Erhebung von Gebühren das Verkehrsaufkommen zu reduzieren. Die entsprechenden Überwachungssysteme könnte die Polizei künftig nutzen, um die Bewegungen von Verdächtigen zu überwachen.

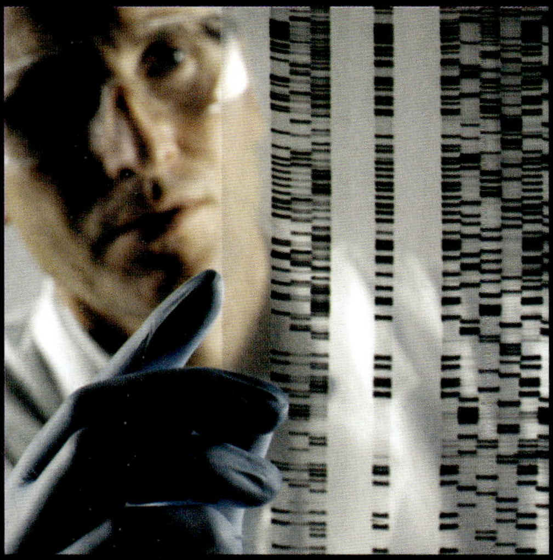

NÜTZLICH, ABER FRAGWÜRDIG
Bald könnte es möglich sein, DNA-Profile (oben) in kurzer Zeit zu erstellen (so schnell wie z.B. einen Blutalkoholtest). In vielen Ländern existieren bereits DNA-Datenbanken, und man erwägt mancherorts, die gesamte Bevölkerung darin zu erfassen. Viele Menschen halten DNA-Tests für unfehlbar und glauben, dass sie nur von Straftätern gefürchtet werden müssen. Es ist aber zu bedenken, dass Täter manchmal am Tatort bewusst fremde DNA hinterlassen, z.B. eine Zigarettenkippe mit Speichelspuren einer anderen Person. In solchen Fällen würden Unschuldige scheinbar eindeutig belastet.

Berühmt & berüchtigt

Die großen Pioniere und Vertreter der Forensik sind meist Wissenschaftler oder Polizeibeamte. Dank ihrer Arbeit gibt es heute auf der ganzen Welt kriminaltechnische Labors und Datenbanken und die Forensik spielt eine Schlüsselrolle im Strafrecht: Häufig werden Tatverdächtige aufgrund forensischer Ermittlungen verurteilt – und Unschuldige freigesprochen.

ABAGNALE, FRANK (geb. 1948)
Als Teenager bildete Abagnale sich selbst zum Fälscher und Betrüger aus. Zunächst fälschte er Schecks. Mit 16 lief er von zu Hause weg und fuhr nach New York. In den nächsten fünf Jahren ergaunerte er von Banken über 2,5 Mio. Dollar, wobei er abwechselnd als Pilot, Arzt, Anwalt oder Lehrer auftrat. Als man ihn 1969 schnappte, wurde er bereits in 21 Staaten gesucht. Er saß jedoch keine fünf Jahre im

Frank Abagnales unglaubliche Verbrecherkarriere wurde 2002 verfilmt.

Gefängnis, da er das FBI in dessen Kampf gegen Betrügereien unterstützte. Später gründete er eine eigene Sicherheitsberatungsfirma und wurde ganz legal Millionär.

AFIS (1993)
Im Automatisierten Fingerabdrucksverfahren (AFIS), das seit 1993 in Deutschland eingesetzt wird, vergleicht ein Computerprogramm eingescannte Fingerabdrücke vom Tatort mit digitalisierten Abdrücken aus einer umfangreichen Datei. Binnen kürzester Zeit ermittelt das System eine Vorschlagsliste aus der Datei – die sogenannte „Hitlist". Die endgültige Entscheidung über die Vorschläge aus der „Hitlist" trifft jedoch ein Sachverständiger.

Das „Integrated Automatic Fingerprint Identification System" (IAFIS) des FBI und das gesamteuropäische System EURODAC („European Dactyloscopy") arbeiten ähnlich.

BALTHAZARD, VICTOR (1872–1950)
Balthazard war Professor für Rechtsmedizin an der Pariser Universität Sorbonne. Er führte forensische Haaranalysen durch, erforschte Blutfleckenmuster und ermittelte Waffentypen anhand fotografischer Vergrößerungen von Geschossen und Patronenhülsen. Als einer der ersten Wissenschaftler versuchte er, abgefeuerte Kugeln einer bestimmten Waffe zuzuordnen.

BELL, JOSEPH (1837–1911)
Bell war Dozent an der medizinischen Fakultät der Universität Edinburgh, wo Arthur Conan Doyle einer seiner Schüler war. Gern leitete Bell Beruf und Lebensgeschichte eines Patienten aus seinem Äußeren ab – Conan Doyle übernahm diese Gewohnheit für seinen fiktiven Detektiv Sherlock Holmes. Als genauer Beobachter wurde Bell auch ein Pionier auf seinem Spezialgebiet, der forensischen Pathologie.

BERTILLON, ALPHONSE (1853–1914)
Ein französischer Detektiv und Begründer der Anthropometrie, der Wissenschaft der Vermessung des Körpers (S. 8–9).

CRICK, FRANCIS (1916–2004)
Britischer Wissenschaftler, der zusammen mit James Watson die Struktur der DNA entdeckte (S. 22).

DNA-DATENBANK (1995)
Die erste DNA-Datenbank der Welt entstand in England und ist noch immer die größte. Sie enthält DNA-Proben von rund 3,5 Mio. verurteilten Verbrechern und Verdächtigen. Dank der technischen Fortschritte bei der DNA-Analyse kann die Polizei bislang ungeklärte Verbrechen aufklären und zu Unrecht Verurteilte freilassen.

Hauptmanns Unterschrift

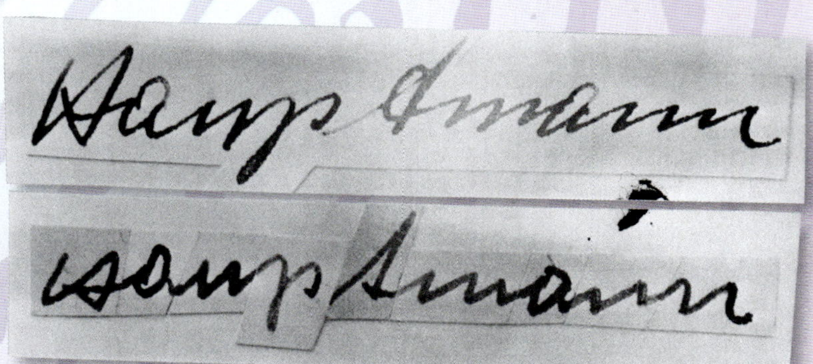

Aus Lösegeldforderung zusammengesetzte Unterschrift

FBI (1908)
Das Federal Bureau of Investigation wurde 1908 als Bureau of Investigation unter US-Präsident Theodore Roosevelt gegründet. *Siehe auch* Hoover, J. Edgar

GALTON, SIR FRANCIS (1882–1911)
Galton, ein Cousin von Charles Darwin, war der Autor des Buchs *Fingerprints*. Er bewies, dass Fingerabdrücke einzigartig sind und lebenslang gleich bleiben, und führte eine erste Klassifikation ein, „Galtons Details" genannt. Dieser viktorianische Universalgelehrte war auch Statistiker, Psychologe, Geograf, Forscher und Meteorologe.

GESTAPO (1933)
In Deutschland ist das Polizeiwesen traditionell Sache der einzelnen Länder. Die erste zentral organisierte Polizeieinheit gab es demnach auch verhältnismäßig spät: 1933 wurde die Geheime Staatspolizei (Gestapo) von den Nationalsozialisten eingerichtet. Heute liegt die sogenannte Polizeihoheit – mit einigen Ausnahmen wie z. B. dem Grenzschutz – wieder bei den Bundesländern.

GLAISTER, SIR JOHN (1856–1932)
Schottischer Professor für Rechtsmedizin und Sachverständiger (S. 20).

GODDARD, CALVIN (1891–1955)
Als Pionier der Ballistik leitete Goddard das Bureau of Forensic Ballistics, das erste unabhängige Kriminallabor der USA. Es befasste sich neben der Ballistik auch mit Fingerabdrücken, Beweisspuren und Blutanalysen. Goddard förderte den Einsatz des neuen Vergleichsmikroskops zur Identifizierung von Kugelmarkierungen und war Sachverständiger bei Strafprozessen.

GROSS, HANS (1847–1915)
Gross war Untersuchungsrichter und Professor für Kriminalistik an der Universität Graz. In seinem Handbuch der Kriminalistik untersuchte er die Methoden der physischen Beweisführung. 1913 gründete er das Kriminalistische Institut in Graz.

HAUPTMANN, BRUNO (1899–1936)
Der deutsche Tischler geriet nach dem Ersten Weltkrieg auf die schiefe Bahn und wanderte 1923 illegal in die USA aus. 1935 wurde er wegen der Entführung und Ermordung des Sohns von Charles Lindbergh verhaftet. Im „Prozess des Jahrhunderts" wurde er zum Tod verurteilt, teils aufgrund von Ähnlichkeiten zwischen seiner Unterschrift und einer handschriftlichen Lösegeldforderung. Es bestanden zwar Zweifel an Hauptmanns Schuld, doch 2005 kamen drei Dokumentexperten unabhängig voneinander zu dem Schluss, dass Hauptmann tatsächlich Autor der Lösegeldforderung war.

J. Edgar Hoover, Gründer des FBI

HERSCHEL, WILHELM (1833–1918)
Britischer Kolonialbeamter, der als Erster Fingerabdrücke zur Identifizierung einsetzte (S. 18).

HOOVER, J. EDGAR (1895–1972)
Der Gründer des FBI in seiner heutigen Form war 48 Jahre lang dessen umstrittener Leiter. Das FBI untersucht Verbrechen und sammelt Material über potenzielle kriminelle Aktivitäten. Hoover etablierte die Forensik im FBI, indem er eine Fingerabdruckdatei, ein Kriminallabor und die FBI National Academy zur Ausbildung von Elitebeamten einführte. Die FBI-Zentrale in Washington D. C. ist nach ihm benannt.

JEFFRIES, SIR ALEC (geb. 1950)
Britischer Entdecker des DNA-Fingerabdrucks (S. 22).

KGB (1917–1991)
Der KGB, die Geheimpolizei der Sowjetunion, sammelte geheime Informationen im Ausland und verfolgte Staatsfeinde, die er oft töten ließ. Er bediente sich einer Mischung aus Forensik, neuen Technologien und altmodischen Zwangsmaßnahmen, um seine Ziele zu erreichen. Mit der Sowjetunion wurde auch der KGB aufgelöst.

LACASSAGNE, ALEXANDRE (1843–1924)
Lacassagne, zuweilen als Begründer der Kriminologie bezeichnet, war Professor für Rechtsmedizin an der Universität Lyon. Einer seiner Assistenten dort war der später berühmte Forensiker Edmond Locard. Lacassagne beteiligte sich an kriminaltechnischen Ermittlungen und war Sachverständiger in Strafprozessen. Als Erster analysierte er Blutfleckenmuster und Kugelmarkierungen.

LANDSTEINER, KARL (1868–1943)
Österreichischer Nobelpreisträger und Entdecker der Blutgruppen A, B und 0 (siehe S. 20).

LOCARD, EDMOND (1877–1966)
Französischer Forensiker, berühmt für sein Austauschprinzip (siehe S. 27).

MARSH, JAMES (1794–1846)
Britischer Chemiker, der 1836 einen Test („Marshsche Probe") zum Nachweis des bis dahin nicht nachweisbaren farb- und geruchlosen Arsens entwickelte. Das Gift diente häufig zur Beseitigung von Familienangehörigen und wurde „Erbschaftspulver" genannt. Marsh war auch ein geschickter Erfinder.

ORFILA, MATHIEU (1787–1853)
Der gebürtige Spanier Orfila arbeitete als Professor für Chemie in Paris. Schon als 26-Jähriger veröffentlichte er seinen *Traité des poisons … ou Toxicologie générale*, der neue Techniken zum Nachweis von Arsen in Leichen vorstellte. Dieses Buch und andere Werke trugen Orfila den Titel „Vater der Toxikologie" ein.

OSBORN, ALBERT SHERMAN (1858–1946)
Osborn, Autor von *Questioned Documents* (1910), widmete sich über 50 Jahre lang der Analyse gefälschter Dokumente und war in vielen wichtigen Fällen Sachverständiger. 1942 gründete er die American Society of Questioned Document Examiners. Er konstruierte auch ein Vergleichsmikroskop.

Ellis Parker (rechts) erörtert einen Fall mit seinem Sohn Ellis Parker jr.

PARKER, ELLIS (1871–1940)
Parker, oft Amerikas echter Sherlock Holmes genannt, war 45 Jahre lang leitender Ermittler in New Jersey. Mit einer Mischung aus genauer Beobachtung, Schlussfolgerungen und Psychologie war er an der Aufklärung von über 300 Gewaltverbrechen beteiligt. Bekannt war er dafür, dass er Details bemerkte, die anderen entgingen, und scheinbar sinnlose Fragen stellte, die oft zu wichtigen Enthüllungen führten.

SCOTLAND YARD (1829)
Das Hauptquartier der Londoner Metropolitan Police, 1829 von Sir Robert Peel mithilfe von Eugène François Vidocq gegründet. Schon früh arbeitete die „Met" mit kriminalistischen Methoden und schuf 1901 die Abteilung Fingerabdruck, die das Henry-Klassifikationssystem anwandte.

STARRS, JAMES E. (geb. 1930)
Der amerikanische forensische Anthropologe leitete über 20 Exhumierungen in umstrittenen Mordfällen, um neues Beweismaterial zu liefern. So untersuchte er auch die Überreste des Wildwesthelden Jesse James und des „Boston-Würgers" Albert de Salvo. In *A Voice for the Dead* (2005) schildert er seine forensischen Forschungen. Er ist Professor für Recht und Forensik und gibt die Zeitschrift *Scientific Sleuthing Review* heraus (siehe S. 66).

UHLENHUTH, PAUL (1870–1957)
Der deutsche Bakteriologe entwickelte eine Methode zur Unterscheidung von Blut und anderen Flüssigkeiten sowie von Menschen- und Tierblut (siehe S. 20).

VUCETICH, JUAN (1858–1925)
Der argentinische Polizeibeamte und Anthropologe zog erstmals in einem Mordfall einen Fingerabdruck als Beweis heran. Er entwickelte eine Methode zur Klassifikation von Fingerabdrücken, die bald von Polizeikräften in aller Welt genutzt wurde. 1904 wurde Vucetich Direktor des Zentrums für Daktyloskopie (der Identifikation von Fingerabdrücken) in Buenos Aires.

WATSON, JAMES (geb. 1928)
Britischer Nobelpreisträger, der zusammen mit Francis Crick die DNA-Struktur entdeckte (S. 22).

Der Forensiker James E. Starrs untersucht DNA-Sequenzen.

Chronik

Die Kriminalistik ist seit Langem eine wirkungsvolle Waffe im Kampf gegen das Verbrechen, aber heutzutage wird sie häufiger und präziser eingesetzt als je zuvor. Durchbrüche wurden schon früh in so unterschiedlichen Gebieten wie Medizin, Optik und Handschriftenanalyse erzielt. Diese Chronik ist den bedeutendsten Fortschritten gewidmet.

1247
In China erscheint das erste Buch über Forensik unter dem T tel *Das Beseitigen von Irrtümern*. Der Autor Song Ci, ein Rechtsanwalt, erklärt, wie man zwischen Selbstmord, Mord und natürlichem Tod unterscheiden kann.

1609
In Frankreich veröffentlicht François Demelle die erste Untersuchung zur Handschriftenanalyse.

1642
An der Universität Leipzig gibt es eine Vorlesung zur Rechtsmedizin.

1670
Der holländische Forscher Antony van Leeuwenhoek erfindet das erste starke Präzisionsmikroskop. Es wird ein wichtiges Instrument für Kriminalisten.

1776
Im Amerikanischen Unabhängigkeitskrieg wird der Leichnam von General Warren anhand seines falschen Zahns identifiziert.

1794
Im britischen Lancashire wird der Mörder John Toms aufgrund eines Papierfetzens überführt, der bei seinem Opfer gefunden wurde und zu einem Fetzen in Toms' Tasche passte.

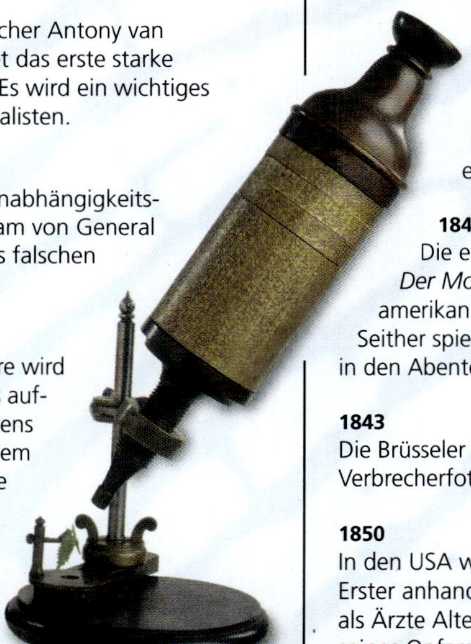

Frühes Präzisionsmikroskop

1804
Der deutsche Physiker Johann Wilhelm Ritter entdeckt die ultraviolette Strahlung, mit der sich bei normalem Licht unsichtbare Beweisspuren nachweisen lassen.

1812
Die erste Polizeitruppe der Welt, die Sûreté Nationale, wird in Paris gebildet. Sie wird zum Vorbild für den britischen Scotland Yard und das FBI der USA.

1813
Der spanische Arzt Mathieu Orfila veröffentlicht seine Abhandlung über Toxikologie.

1823
Der böhmische Physiologe Johann Evangelist Purkinje veröffentlicht eine Analyse von Fingerabdrucktypen.

1828
Der schottische Physiker William Nicol erfindet das Polarisationsmikroskop, das zur Ermittlung von Beweisspuren eingesetzt wird.

1835
Der britische Polizeibeamte Henry Goddard studiert Kugelmarkierungen und beweist, dass sich eine Kugel der Waffe zuordnen lässt, aus der sie abgefeuert wurde.

1836
Der britische Chemiker James Marsh entwickelt einen Test zum Nachweis von Arsen in Leichen, der bald in Mordprozessen erfolgreich eingesetzt wird.

1841
Die erste Kriminalgeschichte erscheint: *Der Mord in der Rue Morgue* des amerikanischen Autors Edgar Allen Poe. Seither spiegeln sich forensische Entwicklungen in den Abenteuern fiktiver Detektive wider.

1843
Die Brüsseler Polizei macht die ersten Verbrecherfotos.

1850
In den USA wird der Mörder John Webster als Erster anhand medizinischer Beweise überführt, als Ärzte Alter, Geschlecht und Todeszeitpunkt seines Opfers bestimmen können.

1856
In Indien lässt der Verwaltungsbeamte Wilhelm Herschel Dokumente von Analphabeten mit Daumenabdrücken beglaubigen.

1859
Die USA lassen als erstes Land Fotos als Beweismittel vor Gericht zu.

1861
Der deutsche Pathologe Rudolf Virchow untersucht den Wert von Haaren als physisches Beweismittel.

1878
Das Criminal Investigation Department (CID) ist Englands erste Kriminalpolizei. Sie untersteht Scotland Yard.

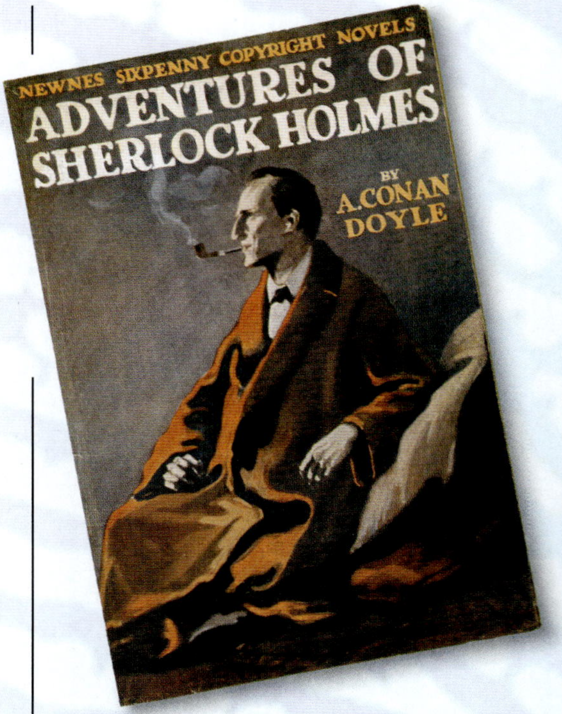

Diese Sammlung von 12 Sherlock-Holmes-Abenteuern erschien 1892.

1880
Der italienische Kriminologe Cesare Lombroso versucht, anhand von Veränderungen im Blutvolumen Verdächtige als Lügner zu überführen.

1882
Die Anthropometrie, die Lehre von den Körpermaßen, wird erstmals in Paris und bald darauf weltweit zur Überführung von Verbrechern eingesetzt.

1883
Der amerikanische Autor Mark Twain schildert in seinem Buch *Leben auf dem Mississippi* die Identifikation eines Mörders anhand von Fingerabdrücken.

1887
Arthur Conan Doyles *Eine Studie in Scharlachrot*, die erste Geschichte um Sherlock Holmes, erscheint in England. Holmes tritt in vier Romanen und 56 Kurzgeschichten auf und wird der beliebteste fiktive Detektiv der Welt.

1891
Der argentinische Polizeibeamte Juan Vucetich überführt erstmals einen Mörder anhand von Fingerabdrücken. Im Jahr darauf setzt die argentinische Polizei als erste Polizei der Welt Fingerabdrücke als Beweismittel zur Identifizierung von Verbrechern ein.

1892
Der britische Forscher Francis Galton führt in seinem Buch *Fingerprints* ein Klassifikationssystem ein und beweist, dass Fingerabdrücke nicht vererbt werden, ja, dass sogar eineiige Zwillinge unterschiedliche Abdrücke haben.

1893
Der österreichische Kriminologe Hans Gross befasst sich in seinem *Handbuch der Kriminalistik* mit Mikroskopie, Serologie, Fingerabdrücken und Ballistik.

1894
In Frankreich wird Hauptmann Alfred Dreyfus aufgrund eines fehlerhaften grafologischen Gutachtens des Kriminologen Alphonse Bertillon zu Unrecht als Landesverräter verurteilt.

1895
Der deutsche Physiker Wilhelm Conrad Röntgen entdeckt die X-Strahlen und bekommt den ersten Nobelpreis für Physik. Die Röntgenstrahlen werden ein Hauptinstrument für forensische Anthropologen und Zahnmediziner.

1896
Der britische Forscher Edward Richard Henry führt in seinem Buch *Classification and Uses of Fingerprints* ein Klassifikationssystem für Fingerabdrücke ein, das in ganz Europa und Nordamerika übernommen wird.

1898
Der deutsche Chemiker Paul Jeserich überführt einen Mörder, indem er eine Kugel vom Tatort der Waffe des Verdächtigen zuweist.

1901
Der österreichische Pathologe Karl Landsteiner entdeckt das AB0-System der Blutgruppen.

1901
Der deutsche Forscher Paul Uhlenhuth entwickelt den Präzipitin-Test zur Unterscheidung von Menschen- und Tierblut.

1904
In Deutschland wird der Präzipitin-Test erstmals vor Gericht angewendet, um den brutalen Mörder Ludwig Tessnow zu verurteilen.

1910
Der amerikanische Dokument- und Handschriftenexperte Albert Osborn veröffentlicht *Questioned Documents*. Noch heute ziehen Experten das Buch zurate.

Karteikarte mit den Fingerabdrücken eines Verdächtigen

1910
Edmond Locard eröffnet das weltweit erste forensische Labor in Frankreich.

1913
Victor Balthazard, Professor für Rechtsmedizin an der Pariser Universität Sorbonne, legt in einem Artikel dar, dass jede Kugel einzigartige Markierungen aufweist.

1916
In den USA sichert Albert Schneider mit einem Staubsauger Beweisspuren.

1920
Der französische Sachverständige Edmond Locard formuliert sein Austauschprinzip, demzufolge „jeder Kontakt eine Spur hinterlässt".

1920
Charles E. Thwaite legt in den USA einen internationalen Feuerwaffenkatalog an. Nach fünf Jahren ist er fertig – nun lässt sich jede Kugel mit der Waffe abgleichen, aus der sie abgefeuert wurde.

1920
Der Physiker John Fisher erfindet das sogenannte Helixometer, das das Innere von Waffenläufen vermisst.

1920
Der Amerikaner Luke May untersucht als Erster, wie sich Schrammen an Werkzeugen vergleichen und als Beweismittel nutzen lassen.

1920
Das fehlende Glied in der Kette erscheint in den USA. Agatha Christies erster Roman führt den belgischen Detektiv Hercule Poirot ein, der in 33 Romanen und 54 Kurzgeschichten sowie in vielen Filmen auftreten wird.

1921
John Larson erfindet in den USA den ersten Lügendetektor oder Polygrafen. Er misst Blutdruck, Puls und Atemfrequenz.

1923
Ein US-Gericht entscheidet, dass Polygrafentests nicht als Beweismittel zugelassen sind.

1924
In den USA werden zwei Mörder verurteilt, als Sachverständige nachweisen, dass einem von beiden die Schreibmaschine gehört, auf der eine Lösegeldforderung geschrieben wurde.

1925
Philip Gravelle und Calvin Goddard erfinden in den USA das erste Vergleichsmikroskop für den Abgleich von Kugelmarkierungen und anderen Merkmalen.

1929
In Chicago wird einer der Killer überführt, die für die Erschießung von sieben Gangstern im St.-Valentinstag-Massaker verantwortlich waren: Waffen bei ihm zu Hause stimmen mit Patronen vom Tatort überein.

1930
Mexiko führt den ersten Schmauchspurentest ein, mit dem Verbrennungsrückstände abgefeuerter Waffen auf der Haut nachgewiesen werden.

1930
In den USA führt das FBI die „National Fingerprint File" ein – ein Großverzeichnis mit Fingerabdrücken.

Anhand von Maden lässt sich die Todeszeit ermitteln.

1930
Das Bureau of Forensic Ballistics gibt *The American Journal of Police Science* heraus.

1932
Das FBI eröffnet sein Kriminallabor, das Technical Crime Laboratory.

1936
In einem Mordprozess ermittelt der schottische Arzt Alexander Mearns die Todeszeit eines Opfers anhand des Lebenszyklus von Maden.

1936
Aufgrund grafologischer Beweise wird Bruno Hauptmann, ein gebürtiger Deutscher, in den USA wegen Mordes verurteilt.

1938
In Berlin wird mit dem Kriminaltechnischen Institut der Sicherheitspolizei (KTI) das erste zentrale Kriminallabor Deutschlands eingerichtet. Ab 1941 entstehen mithilfe dort ausgebildeter Spezialbeamter Kriminaltechnische Untersuchungsstellen (KTU) in verschiedenen Kriminalpolizeistellen Deutschlands.

1941
Forscher an den Bell Laboratories in den USA erfinden den Stimmspektrografen. Er soll Verdächtige anhand von Sprechmerkmalen überführen.

1950
Der Schweizer Kriminalist Max Frei-Sulzer entwickelt die Klebebandmethode zum Sammeln von Beweisspuren.

1953
Die Forscher Francis Crick und James Watson verkünden die Entdeckung der Doppelhelixstruktur der DNA.

1954
Der Alkotester, der den Blutalkoholgehalt anhand einer Atemprobe schätzt, wird von Robert Borkenstein in den USA erfunden. Weltweit übernimmt die Polizei das Gerät.

1959
Ein Farbtest für Schmauchspuren wird entwickelt. Der nach seinen Erfindern benannte Harrison-Gilroy-Test ist einfacher und klarer als seine Vorgänger.

1965
Ein Team an der britischen Universität Cambridge entwickelt das erste Rasterelektronenmikroskop. Es erzeugt unglaublich detailreiche, hochauflösende 3-D-Bilder zur Analyse von Proben.

1967
In den USA eröffnet das FBI das National Crime Information Center, das Informationen über Kriminelle und Diebesgut koordiniert.

Fasern in einem Nadelöhr im Rasterelektronenmikroskop

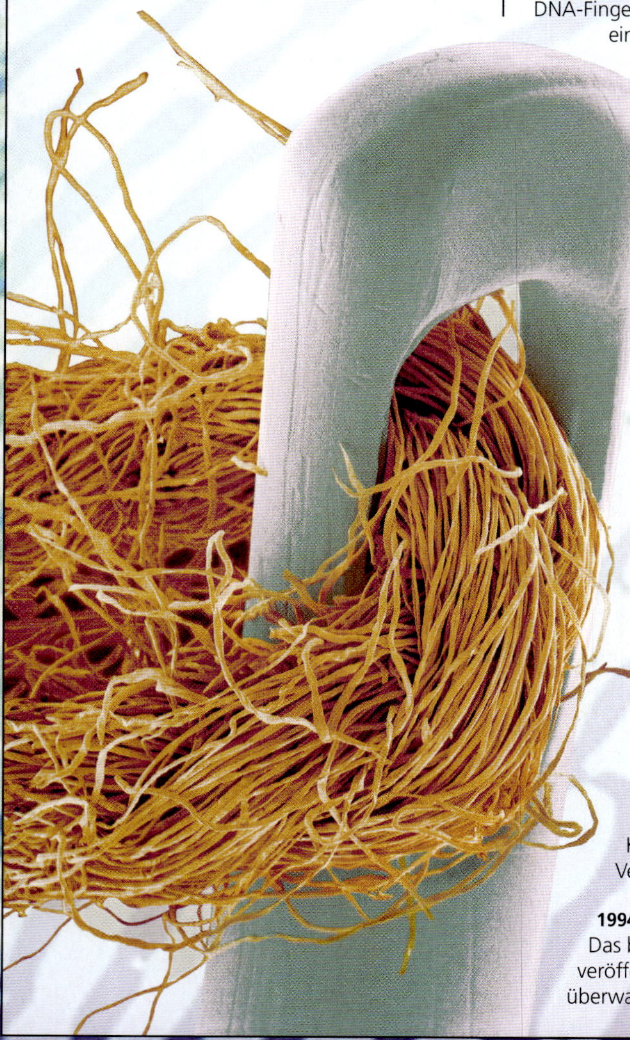

1971
Der französische Fotograf Jacques Penry erfindet das „Foto-FIT"-Identifikationssystem, das 15 Mrd. verschiedene Gesichter erzeugen kann.

1977
In Japan entdeckt der Spurenermittler Masato Soba die Cyanacrylat-Bedampfungsmethode, die verborgene Fingerabdrücke sichtbar macht.

1978
Die britischen Forscher Bob Freeman und Doug Foster erfinden das elektrostatische Detektionsgerät, das Schriftabdrücke auf Papier sichtbar macht.

1983
Forensische Grafologen entlarven die von der Zeitschrift *Stern* gekauften sogenannten Hitler-Tagebücher als Fälschung.

1984
Der britische Genetiker Sir Alec Jeffreys entdeckt den DNA-Fingerabdruck, mit dem sich ein Individuum anhand von Variationen im genetischen Code identifizieren lässt.

1986
Der amerikanische Chemiker Kary Mullis entwickelt die Polymerase Kettenreaktion (PKR) zum Kopieren von Teilen des DNA-Moleküls. Damit sind Identifikationen selbst anhand winziger DNA-Proben möglich.

1988
In England wird erstmals ein Verbrechen per DNA-Fingerabdruck aufgeklärt. Er entlastet einen Mordverdächtigen und überführt dann den wahren Schuldigen, Colin Pitchfork.

1989
In den USA wird Gary Dotson nach acht Jahren Gefängnis durch einen DNA-Beweis freigesprochen.

1991
Das University College Hospital in London entwickelt eine Laserscannertechnik, die eine Computersimulation eines menschlichen Gesichts anhand der Schädelform ermöglicht.

1992
Das FBI startet „Drugfire", eine Feuerwaffendatenbank für Kugelmarkierungen, mit der sich feststellen lässt, ob Verbrechen mit ein und derselben Waffe begangen wurden.

1993
75 Jahre nach ihrer Ermordung werden die Überreste des letzten russischen Zaren, Nikolaus II., und seiner Familie durch den Vergleich von DNA-Proben aus Knochengewebe mit der DNA naher Verwandter eindeutig identifiziert.

1994
Das britische Innenministerium veröffentlicht einen Report zur Videoüberwachung, der zu einer gewaltigen

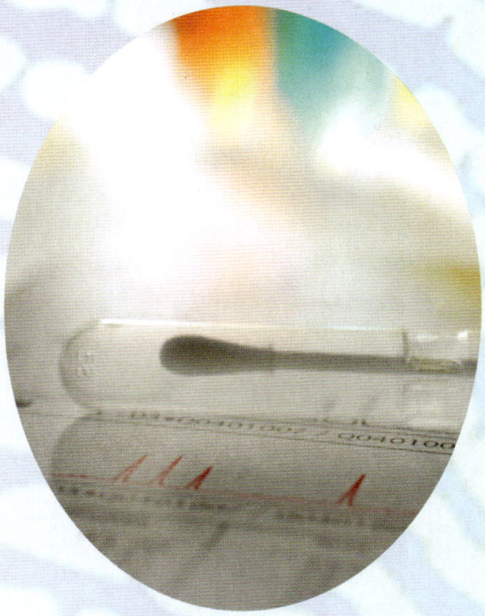

DNA-Probe an einem Tupfer

Zunahme an öffentlichen Überwachungskameras führt. In England kommt heute eine Überwachungskamera auf 14 Personen.

1995
In England wird die weltweit erste DNA-Datenbank mit den DNA-Proben verurteilter Verbrecher eingeführt. Andere Länder folgen.

1998
In den USA hilft Prof. Don Foster dank des neuen Forensikgebiets der literarischen Analyse der Polizei, den Serienbomber Ted Kaczynski zu fassen: Vom Killer verfasste Dokumente werden untersucht – und so seine Identität sowie sein Aufenthaltsort ermittelt.

1999
Das „National Integrated Ballistics Network" ersetzt die „Drugfire"-Datenbank des FBI – ein Computernetzwerk mit digitalen Bildern ballistischer Beweismittel.

1999
Aus AFIS wird das „Integrated Automated Fingerprint Identification"-System mit einer schnelleren Such- und Vergleichsfunktion.

2000
Die erste Folge von *CSI* wird im US-Fernsehen ausgestrahlt. Die Serie, die Verbrechen zeigt, die von einem Team forensischer Ermittler aufgeklärt werden, wird weltweit zum Erfolg und löst eine Welle von Krimiserien mit forensischen Themen aus. Experten beklagen den „*CSI*-Effekt", der beim Publikum übertrieben hohe Erwartungen an die Forensik auslöst.

2001
Toxikologen untersuchen eine Locke des französischen Kaisers Napoleon I., der 1821 starb. Sie verrät, dass er an einer langfristigen Arsenvergiftung litt und vielleicht daran starb.

2006
Die automatische Nummernschilderkennung kann heute rund ein Schild pro Minute an Fahrzeugen scannen, die bis zu 160 km/h schnell fahren. Mittels Spezialkameras wird die Nummer abgelesen und mit einer Datenbank abgeglichen, um den Fahrzeughalter zu ermitteln.

Neugierig geworden?

Die Forensik wird immer beliebter, insbesondere bei Jugendlichen. Schon lange wird sie in Büchern und im Fernsehen dargestellt – man kann sie aber auch interaktiv in Museen und im Internet erleben. Angehende Kriminaltechniker und Forensik-Interessierte können sich auf verschiedene Weise über dieses faszinierende Thema schlaumachen.

INTERNETADRESSEN

- Internetseite über die Geschichte der Kriminalistik. **www.planet-wissen.de/politik_geschichte/verbrechensbekaempfung/psychologie_des_verbrechens/geschichte_der_kriminalistik.jsp**
- Erfahre mehr über den genetischen Fingerabdruck. **www.sowieso.de/zeitung/spip.php?article6585&lettre=G**
- Werde selbst zum Detektiv – ein Detektivquiz. **www.kidsweb.de/quis/detektiv_quiz/detektiv_quiz.htm**
- Informiere dich über berühmte Detektive. **www.kindernetz.de/barz/infos/detektive/-/id=64522/gkd0km/index.html**
- Spannende Internetseite für Juniordetektive. **www.detektiv-klub.de/main.php**
- Hier erfährst du, wie man Fingerabdrücke sichtbar machen kann. **www.kinderpolizei.at/kids/spuernase/fingerabdruck.html**

Teil einer interaktiven Ausstellung zum Thema Identifizierung

FORENSIK ALS SHOW
Hier werden biometrische Daten im Londoner Science Museum ermittelt. Die Ausstellung zeigt, wie neue Techniken wie die Gesichtserkennung per Computer zunehmend zur Identifikation genutzt werden.

Polizeibeamter und K9 von der Nebraska State Patrol (USA) mit Schulkindern

DIE POLIZEI IN DER SCHULE
In vielen Ländern besuchen Polizeibeamte örtliche Schulen – um die Kinder über die Rolle der Polizei in ihrer Gemeinde zu informieren, sie in Verkehrssicherheit zu unterrichten und über Verhalten in Notsituationen aufzuklären.

Ein als viktorianischer „Bobby" verkleideter Museumswärter

SHERLOCK-HOLMES-MUSEUM
Dieses Museum in der Londoner Baker Street widmet sich dem fiktiven Meister der Schlussfolgerung, der mit Beobachtungsgabe und Logik genaue Informationen über die Gewohnheiten und Lebensweise einer Person gewann. Das berühmte Arbeitszimmer sieht genauso aus wie in den Geschichten.

Glossar

ANTHROPOMETRIE Eine Reihe von Körpermessungen, die die Polizei früher statt Fingerabdrücken zur Verbrechensaufklärung nutzte.

AUTOPSIE Die medizinische Untersuchung einer Leiche, um die Todesursache zu ermitteln. Auch Obduktion genannt.

Ein Einschussloch in verstärktem Glas hinterlässt eine klare Spur für den Ballistiker.

BALLISTIK In der Forensik die Untersuchung von Waffen, Kugeln und Flugbahnen. Im allgemeinen Sprachgebrauch die Lehre von der Bewegung von Körpern im Raum.

BEWEISMUSTER Beweise, die typische Formen oder Muster aufweisen. Blutflecken etwa werden in sechs verschiedene Muster eingeteilt.

BEWEISSPUREN Kleine Objekte oder Mengen, die als Beweise dienen können. Meist sind dies Haare, Fasern oder Erde, die unwissentlich durch Kontakt übertragen wurden.

BLACKBOX Ein Aufzeichnungsgerät in Flugzeugen, Schiffen und Zügen, das Instrumentendaten und Sprachaufnahmen festhält, aus denen sich ein Unfall rekonstruieren lässt.

BLUTGRUPPE Jeder Mensch gehört einer von vier Blutgruppen an: A, B, AB oder 0. Ein Test stellt fest, welcher Gruppe eine Blutprobe zugeordnet werden kann.

BOGEN Das seltenste Fingerabdruckmuster. Nur rund 5 % der Muster sind Bögen.

BRANDBESCHLEUNIGER Eine hoch entzündliche Substanz, mit der sich ein Brand entfachen lässt, etwa Benzin.

BRANDSTIFTUNG Das Verbrechen eines vorsätzlichen Inbrandsetzens, um Schaden anzurichten.

CHROMATOGRAFIE Eine Reihe von Labortests zur Trennung der Komponenten eines Gemischs. In der Forensik werden damit Drogen oder Gifte nachgewiesen.

COMPUTERTOMOGRAFIE (CT) Eine Methode, um dreidimensionale Röntgenbilder von Körperabschnitten zu erzeugen.

DATENBANK Eine geordnete Sammlung von Informationen – etwa über DNA, Fingerabdrücke oder Waffen –, die zur raschen und leichten Suche meist im Computer gespeichert wird.

DRALL Die spiralförmigen Züge in einem Waffenlauf, die unverwechselbare Markierungen auf Kugeln hinterlassen.

„E-FIT"-SYSTEM Die Computerversion des fotografischen Identifikationsverfahrens, das aus Fotos von Gesichtszügen ein Phantombild des Verdächtigen erstellt. In den USA setzt man das System „FACES" ein.

ELEKTROPHORESE Analysemethode, die die Wanderung elektrisch geladener Teilchen nutzt, um z. B. aus DNA-Proben Profile zu erstellen.

ENTOMOLOGIE Das Studium von Insekten. Ein forensischer Entomologe schätzt die Todeszeit von Leichen anhand der Lebenszyklen der darin gefundenen Insekten.

ESDA (ELECTROSTATIC DETECTION APPARATUS) Ein Gerät, das Schriftabdrücke auf Papier mit statischer Elektrizität und Toner sichtbar macht.

FADENZÄHLER Ein von forensischen Ermittlern oft verwendetes Vergrößerungsglas.

FASERBEWEIS Über Menschen- oder Tierhaare oder synthetische Fasern erbrachter Beweis.

Forscher untersucht Papierchromatogramme.

FORENSISCHE ANTHROPOLOGIE Das Studium von Skeletten zur Identifikation. Forensische Anthropologen versuchen meist, Kriegsopfer oder die vielen Tote bei schweren Unfällen zu identifizieren.

KALIBER Das Maß des Innendurchmessers eines Waffenlaufs. Gemessen wird in Millimetern oder Inches.

KASTLE-MEYER-TEST Ein Test, der rasch aufzeigt, ob es sich bei einer Flüssigkeit um Blut handelt, dieses muss dann stets genauer analysiert werden.

KLEBEBANDMETHODE Dient der Sicherung von Beweisspuren – wie Schmauch, Fasern oder Fingerabdrücken – auf einer Oberfläche mithilfe von Klebeband.

KOMPARATOR Ein Gerät, das zwei verschiedene Fingerabdrücke zu Vergleichszwecken vergrößert.

DNA

In den Kernen der Zellen, aus denen unser Körper besteht, befindet sich ein spiralförmiges Molekül, die Desoxyribonukleinsäure (DNA). Es ist eine mikroskopisch kleine Karte der einzigartigen Merkmale eines Menschen und enthält Anweisungen für seine Entwicklung. Die Form der DNA wird oft Doppelhelix genannt – sie besteht aus zwei umeinander gewundenen Strängen, die durch „Sprossen" aus verschiedenen Chemikalien verbunden sind (hier verschiedenfarbig dargestellt). Die Reihenfolge dieser Sprossen ist bei jedem Menschen anders, außer bei eineiigen Zwillingen, Drillingen usw., die die gleiche DNA aufweisen.

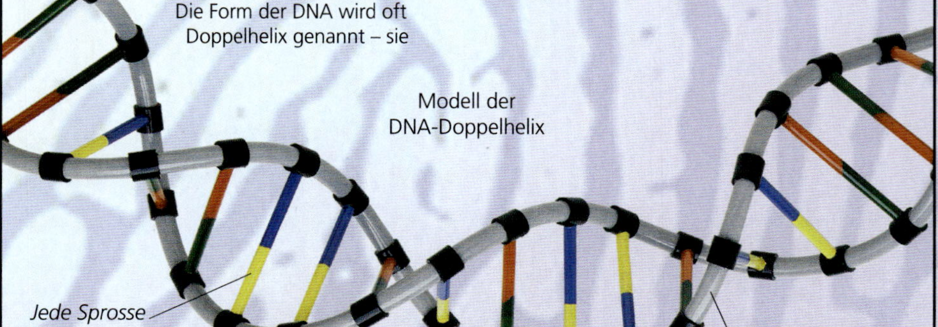

Modell der DNA-Doppelhelix

Jede Sprosse besteht aus zwei Chemikalien.

Ein DNA-Strang ist unglaubliche 2 m lang.

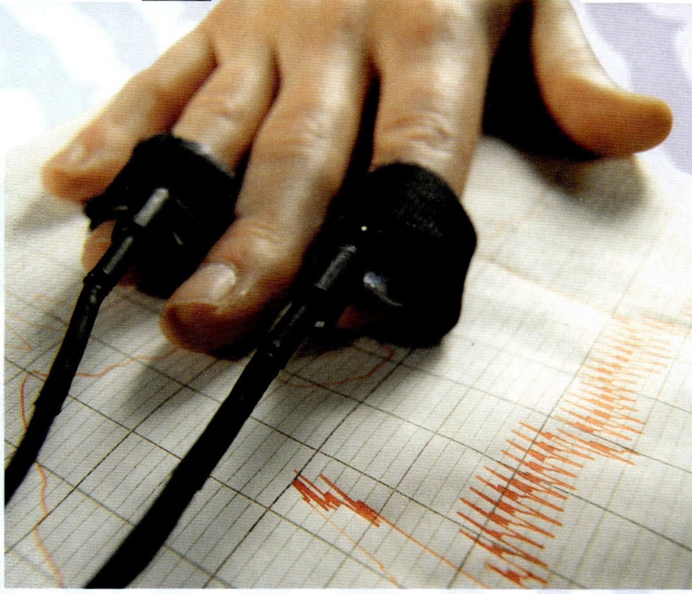

Polygrafen- oder Lügendetektortest

KONTROLLKETTE Der Weg, den ein Beweisstück im Besitz von Polizei und Forensikern vom Tatort zum Gericht nimmt. Protokolle müssen ausweisen, wer das Beweisstück an wen weitergab und wann er dies tat.

LARVE Ein Entwicklungsstadium von Insekten kurz vor der Metamorphose. Findet man Larven an einer Leiche, lässt sich anhand ihres Lebenszyklus die Todeszeit schätzen.

LASERSTRAHL Ein eng gebündelter Strahl von einfarbigem Licht. In der Forensik nutzt man Laserstrahlen, um die Flugbahn einer Kugel nachzuvollziehen.

LEICHENHALLE Der Ort, an dem Leichen vor der Bestattung aufbewahrt werden.

LOCARDS AUSTAUSCHPRINZIP „Jeder Kontakt hinterlässt eine Spur", formulierte Edmond Locard das Prinzip jeder Spurensuche.

LÜGENDETEKTOR *siehe* Polygraf

LUMINOL Ein chemisches Spray, mit dem Forensiker selbst jahrealte Blutspuren sichtbar machen.

MAGNETISCHER STAB Macht mithilfe von magnetischem Pulver Fingerabdrücke auf glänzenden Oberflächen sichtbar.

MARKIERUNGSKARTE Dient am Tatort der Markierung der Lage wichtiger Beweismittel und zur Identifizierung besonderer Merkmale.

MASSENSPEKTROMETRIE Eine Technik, mit der die exakte Menge von Drogen in einer Probe und das Vorhandensein von Brandbeschleunigern ermittelt wird.

ODONTOLOGIE Forensische Zahnmedizin. Sie erstellt meist Identifikationen anhand von Bissabdrücken oder durch den Abgleich von Leichengebissen mit zahnärztlichen Befunden.

PATHOLOGIE Das Studium von Krankheiten anhand von Körpergewebe. Ein forensischer Pathologe untersucht verdächtige Todesfälle und ermittelt die Todesursache mithilfe einer Autopsie.

PATRONENHÜLSE Ein Zylinder, der Sprengladung und Kugeln oder Schrot für eine Waffe enthält.

PINSELN Unsichtbare Fingerabdrücke werden mit einem Pulver eingepinselt, um sie sichtbar zu machen.

POLYGRAF Ein Instrument, mit dem anhand von Blutdruck und Puls ermittelt wird, ob eine Person lügt.

POLYMERASE-KETTENREAKTION (PCR) Eine Methode zur Vervielfältigung von DNA-Fragmenten, um genügend DNA für ein Profil oder andere Analysen zu erhalten.

PRÄZIPITIN-TEST Ein Test zur Unterscheidung von Menschen- und Tierblut.

PROVENIENZ Die Herkunft eines Objekts. Wichtig für Kunstwerke und Antiquitäten, bei denen die Provenienz gefälscht werden kann.

RASTERELEKTRONEN-MIKROSKOP (REM) Ein starkes Mikroskop, das ein Bild mit einem Elektronenstrahl statt mit Licht vergrößert.

RÖNTGENSTRAHLUNG Eine Strahlungsart, mit der Aufnahmen vom Inneren des Körpers erzeugt werden können.

SANITÄTER Eine zur Notfallbehandlung ausgebildete Person.

SCHLEIFE Das häufigste Fingerabdruckmuster, tritt in 60–70 % aller Fingerabdrücke auf.

SCHMAUCH Mikroskopisch feines Pulver aus Zündstoffrückständen, das der Hand eines Schützen anhaftet. Das unsichtbare Pulver lässt sich bis zu sechs Stunden nach dem Schuss nachweisen.

SCHUTZANZUG Wird von Spurensicherungsteams an einem Tatort getragen, um eine Verunreinigung zu verhindern.

SEROLOGIE Das Studium von Blut und anderen Körperflüssigkeiten, dient meist der Identifizierung.

SONAGRAMM Grafische Darstellung von Schallmustern, die der Identifizierung dienen können.

SPURENSUCHE Eine Tatortdurchsuchung durch mehrere Beamte, die nebeneinander jeden Quadratzentimeter absuchen.

SPÜRHUND Ein Hund, der darauf trainiert ist, mit seinem empfindlichen Geruchssinn Sprengstoff, Drogen, Vermisste oder Leichen zu entdecken.

SUCHMUSTER Eine geordnete Durchsuchung eines Tatorts. Es gibt verschiedene Suchmuster.

TOTENSTARRE Die Erstarrung einer Leiche, die einige Stunden nach dem Tod eintritt. Ermittler können danach die Todeszeit schätzen.

TOXIKOLOGIE Die Lehre von den Giften und ihren Wirkungen.

VERDÄCHTIGER Eine Person, die in ein Verbrechen verwickelt sein kann, aber noch nicht offiziell angeklagt ist.

VERGLEICHSMIKROSKOP Ein Doppelmikroskop, mit dem zwei gleiche Objekte, oft Kugeln, nebeneinander untersucht werden.

WERKZEUGMARKIERUNG Markierung auf einer Oberfläche, anhand derer Ermittler die Werkzeugart oder das konkrete Werkzeug bestimmen können.

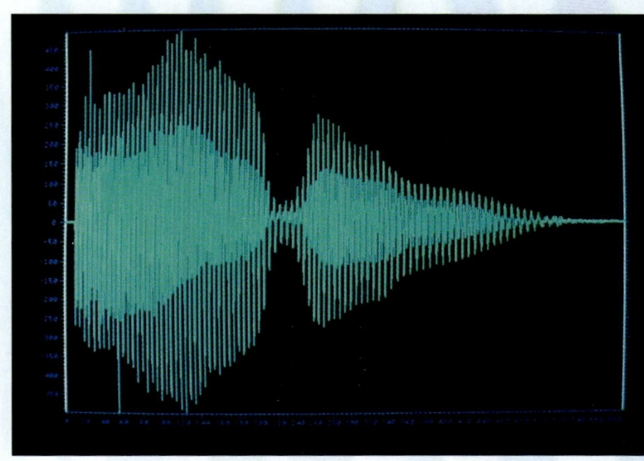

Sonagramm eines zweisilbigen Wortes

Register

A B

C D

E F

G H

I J

K

L M

O P

R

S

T U

V W Z

Dank und Bildnachweis

Dorling Kindersley dankt der London South Bank University sowie den Folgenden:

Saul Carrol, Steve Jones, Sophie Park, Emma Payne; Peter Winfield für Illustrationen 11ur, 32um; Sarah Smithies für Bildrecherche; Steve Setford für Redaktion; Rebecca Painter & Carey Scott für die Anhangsseiten; Hilary Bird für das Register; Jim Green und Carey Scott für das Poster.

Der Verlag dankt den folgenden Personen und Institutionen für die freundliche Genehmigung zum Abdruck von Fotos:

(Abkürzungen: o = oben, go = ganz oben, u = unten, m = Mitte, l = links, gl = ganz links, r = rechts, Hg = Hintergrund)

Alamy Images: Si Barber 29gol; John Boykin 47ur; Scott Camazine 36mru; Jon Challicom 54ul; Chris Gomersall 40gor; GOwst 69ur; Mikael Karlsson 57gol, 69ul; Ellen McKnight 27u; Ian Miles-Flashpoint Pictures 13ml, 13gol; Pablo Paul 12m, 28m; Pictorial Press Ltd 56gol; Stocksearch 62gogl; Gari Wyn Williams 13mo; Doug Wilson 52ml; Ardea: Pascal Goetgheluck 37ml; Steve Hopkin 36gor, 37um, 37mr, 37go; CEPHOS Corporation: 62ul; Corbis: 8mr, 31gor, 47mr; Lewis Allen 6gor; Morton Beebe 37ur; Annebicque Bernard 23ur; Bettmann 20gor, 27gor, 31gol, 33ul, 47gol, 64-65ur, 65go; Régis Bossu/Sygma 53ur; Andrew Brookes 68r; Chesapeake City Sheriffs Department/Reuters 47gom; Richard Chung/Reuters 19ur; John Mc Coy 7gor; P. Deliss/Godong 61l; Kieran Doherty/Reuters 56mlo; epa 49r; FDNY/Assignment ID: 30039450A 48gor; Federal Bureau of Investigation/epa 46l; Laurence Fordyce/Eye Ubiquitous 40gol; Hulton-Deutsch Collection 8mro, 40ur; Nadeem Khawer/epa 55ur; Micro Discovery 68l; Christopher J. Morris 7um; Richard T. Nowitz 65u; Sebastian Pfuetze/zefa 7gol; Matt Rainey/Star Ledger 7ml; Reuters 40ul, 40m, 41, 52-53go, 54m, 54mr, 54gor, 56mr, 63gor; Ron Sachs/CNP 47gor; Lucas Schifres 57gor; Scotland Yard/Reuters 45ul; Sion Touhig 54-55gom; West Semitic Research/Dead Sea Scrolls Foundation 59gor; Tim Wright 52ul; mit frdl. Genehmigung der Bank of England: 58u; The Design Works, Sheffield: 38ml, 38mr, 38gom, 38gol, 38gor; DK Images: mit frdl. Genehmigung HM Customs and Excise 4mgl, 34mo; mit frdl. Genehmigung des Metropolitan Police Museum, London 4ml, 8-9mo, 8-9go, 9gor; Dr. Thomas Heseltine/Aurora CS Ltd: 63gol; Dr. Thomas Heseltine 44ur; The Electronic Frontier Foundation: 58gor; Environmental Criminology Research Inc.: 46mro, 46gor; Faro UK: Neil Barnett 43ml; Firearmsid.com: 31ur; www.firetactics.com: 48u; Foster & Freeman Ltd.: 28ur; Granada Television Limited: 46ur; The Kobal Collection: CBS-TV 7mr; Dreamworks 64-65l; Universal 9ul; Lexis Public Relations: 69go; London Fire Brigade: 48mr; Mary Evans Picture Library: 48ur; Chris Coupland 66go; Missouri State Police Crime Laboratory: 28gor; PA Photos: 10-11u, 11mo, 11ml, 11mr, 34gor, 34-35u, 35gol, 39ur, 41ul, 42m, 42gol, 42gor, 56ur, 60l; Gareth Copley 35m; Ian Nicholson/PA Archive 30gol; Photoshot: UPPA 20ml; Reuters: John Sommers II 35gom; Rex Features: 55um, 55ml; Science Photo Library: A. Barrington Brown 22ml; Dr. Tony Brain 26ul; Dr Jeremy Burgess 70l; CNRI 42mr; Charles D. Winters 45ur; Michael Donne 49go; Mauro Fermariello 24gol, 29r; E. Gueho 26mru; James King-Holmes 61um, 62-63u; Mark Maio/King-Holmes 62ur; Peter Menzel 6-7ul; Hank Morgan 71u; Louise Murray 35ur; Susumu Nishinaga 26ur; David Parker 22ul; Pasieka 66-67 (Hg), 68-69 (Hg), 70-71 (Hg); Philippe Psaila 33ur, 33ml, 33mr; David R. Frazier 16gor; David Scharf 26mlu; Science Source 67u; Volker Steger 60u; Tek Image 20m, 63ur, 71go; Geoff Tompkinson 70gor; Volker Steger, Peter Arnold Inc. 24gor; www.skullsunlimited.com: 42ul, 42ml, 42mlu; TopFoto.co.uk: 9m, 60go, 65m; Fortean 61go; VisionMetric Ltd: 45ml, 45mr, 45go; The Wellcome Institute Library, London: 8um, 8m, 8mgl; Susan Moberly: 23um; Jerry Young: 43go.

Poster: PA Photos: John Giles / PA Archive mo (Fingerabdruck); The Wellcome Institute Library, London: Susan Moberly mlu (DNA-Profil).

Cover: *Vorn:* Corbis: Ocean u; PunchStock: Photodisc mo; Science Photo Library: Philippe Psaila mogl; *Hinten:* Corbis: Ashley Cooper um, image100 mr; Science Photo Library: Michael Donne, University of Manchester gor, Volker Sleger, Peter Arnold Inc. m.

Weitere Informationen unter www.dkimages.com

Weitere Themen in dieser Reihe:
(Bandnummer in Klammern)

Das alte Ägypten (8)
Das alte Griechenland (21)
Das alte Rom (38)
Autos (25)
Azteken, Inka & Maya (28)
Bedrohte Tiere (5)
Burgen (24)
Christentum (34)
Demokratie (30)
Dinosaurier (1)
Eisenbahnen (19)
Die ersten Menschen (26)
Evolution (50)
Fische (13)
Flugmaschinen (41)
Fossilien (47)
Gesteine & Mineralien (17)
Große Entdecker (12)
Große Musiker (42)
Große Wissenschaftler (33)
Haie (10)
Hunde (39)
Indianer (18)
Insekten (35)
Katzen (23)
Klimawandel (11)
Kriminalistik (44)
Der Mensch (2)
Musikinstrumente (14)
Mythologie (31)
Naturwissenschaften (7)
Ozeane (32)
Pferde (43)
Pflanzen (48)
Piraten (36)
Regenwald (20)
Ritter (16)
Säugetiere (45)
Schätze (6)
Spione (9)
Städte (3)
Teiche & Flüsse (27)
Titanic (22)
Vögel (29)
Vulkane (37)
Wasser (40)
Weltall (15)
Wetter (46)
Wikinger (49)
Wirtschaft (4)